《思想＊多島海》シリーズ

サルトルの倫理思想

本来的人間から全体的人間へ

水 野 浩 二

法政大学出版局

目次

サルトルの倫理思想——本来的人間から全体的人間へ

（サルトルの著作の引用出典は略号によって行なう。
略号一覧は一九三頁の「注」を参照されたい。）

序論

一九八〇年にサルトルがこの世を去ったあと、サルトルの遺稿が相次いで公刊された。主なものを次に列挙しておく。『倫理学ノート』(一九八三年)、『奇妙な戦争――戦中日記』(一九八三年)、『サルトル書簡集』(『女たちへの手紙――サルトル書簡集1』『ボーヴォワールへの手紙――サルトル書簡集2』)(一九八三年)、『フロイト〈シナリオ〉』(一九八四年)、『弁証法的理性批判』第二巻(以下、『批判』第二巻と略記する)(一九八五年)、『真理と実存』(一九八九年)[1]。

これらのテクストは、いずれも、一九三〇年代の後半から五〇年代の後半にかけて執筆されたものである。ということは、それらは年代学的に見れば、『存在と無』(一九四三年)を中心とする前期の思想と、『弁証法的理性批判』第一巻(以下、『批判』第一巻と略記する)(一九六〇年)を中心とする後期の思想とを橋渡しするもの、といえる。サルトルの死後、矢継ぎ早に出されたそれらのテクストは、サルトル思想の形成過程をもう一度見直すよう、われわれに迫っているように見える[2]。

それらのテクストは、次のような問題についての検討をわれわれに要求している。第一に、サルトルにおいて倫理学とは何であったのか、という問題、第二に、戦争体験を中心としたサルトルの伝記上の問題、とりわけボーヴォワールとの関係の問題、第三に、サルトル思想とフロイトの精神分析とのかかわりの問題、第四に、未完に終わった『批判』第一巻が第二巻ではどのように展開されていくのか、という問題、第五に、サルトルにおける真理の問題、などが考えられる。

以上の五つの問題群のなかから、本書では、倫理学に関する問題を中心に取り上げる。サルトルは『存在と無』の末尾で、いずれ倫理学に関する著作を出版する予定である旨を明らかにしていた。「次の著作を、倫理的領域（terrain moral）においてしか答えを見出すことができない問題〔の解明〕にあてるであろう」（EN. 722）。しかしながら、結局、倫理学に関する著作は出されずに終わった。もっとも、サルトルは、倫理学に関する著作を出すための準備はしていたようである。「倫理学（morale）を書くという、ずっと以前からの一貫した計画をあきらめてはいなかった」[3]。これはパリ解放直後（一九四四年）のボーヴォワールの証言である。

『奇妙な戦争――戦中日記』を読むと、サルトルは、一九三九年には、倫理をめぐる問題についてかなり集中的に思索を重ねていたことがわかる。一九四三年に出版された『存在と無』の執筆時期が、一九三九年から四一年頃にかけてである、といわれているが、そうなると、サルトルは、倫理をめぐる問題についての考察をいったん中止して『存在と無』の完成に励んだ、ということになるであろう。こうして『存在と無』を書き終えたあとで、再び倫理の問題に取り組む心積もりであったのであろう。こうした順序は、哲学者としてはむしろ当然のことであった、というべきかもしれない。というのも、最初に、存在論によって（『存在と無』の副題は、「現象学的存在論の試み」であった）、人間が存在するという事実的問題を純粋に記述し、そのなかで価値の起源と本性とを見究めたうえで、次いで、人間いかに生きるべきかという倫理学的問題に取りかかることは、哲学の先達がみな採用してきた方法であったからである。サルトルは、倫理の問題に取りかかる前に、存在論によって「状況内の人間存在を前にして自らの責任を取る倫理（éthique）とは何か」（EN. 720 ——強調はサルトル）を見ておく必要がある、と考えたのである。

サルトルは、一九四七、四八年頃、経済学や歴史に関する本をせっせと読んで、再び倫理学の構想を練り始めた。これもボーヴォワールが証言しているところである。(4) サルトルの死後の一九八三年に公刊された『倫理学ノート』は、この時期に書かれた覚書の一部である。しかしながら、再開されたこの仕事も一九五〇年には断念されてしまう。(5) 断念した理由はいくつかあるであろうが、その最大のものは、もはや倫理学を執筆する意味を見失ってしまった、ということであろう。(6)

というのも、当時のサルトルは次のような確信に達していたからである。「倫理的態度（attitude morale）は、技術的、社会的諸条件が、積極的な行動を不可能なものにするときに、現われる。倫理とは、資力の不足や、技術の欠如によって引き起こされる事態を生きなければならないときに助けとなる、観念論的トリックの総体のことである」。(7) この文章は、ボーヴォワールの回想録『事の成行き』（邦訳名、『或る戦後』）のなかに出てくるものである。ボーヴォワールはその回想録の脚注で、右の文章がサルトルの未発表の覚書からの引用であることをことわっている。われわれは、サルトルの死後の一九八三年に公刊された『倫理学ノート』のなかに、右の文章と内容的に類似した文章を見つけることができる。「倫理は、政治的活動、宗教的生活、歴史といったものが停止するときに、現われる。すなわち、抽象的法が倫理的人格を規定し、また、現実の歴史がそうした規定の埒外にあるような時代に、倫理は現われる。ゆえに、倫理は無益であるように思える」(CM. 110)。

一方、『文学とは何か』(一九四八年)のなかにも、コンテクストは異なるが、類似した表現が見られる。十七世紀の芸術は、すぐれて倫理的(moralisateur)であった、としたうえで、サルトルは、次のように述べている。「芸術が人間に対して、心理的なものを、倫理的なものに向かって超越するように勧めるのは、芸術が、宗教的、形而上学的、政治的、社会的諸問題を、解決済みのものと見なしているからである」(SII. 143)。また、『奇妙な戦争――戦中日記』のなかにも、次のような表現が見られる。「希望(未来の生活、人間の完全化の可能性など)が停止するとき、倫理は始まる」(CDG. 122)。

このように見てくると、サルトルは、一時期、倫理というものに対して、かなり否定的な立場にあったように思われる。いつごろから、なぜ、サルトルは倫理というものに対して、否定的な立場をとるようになったのであろうか。はたして倫理を否定する姿勢は、その後、終生変わらぬものであったのであろうか。そもそもサルトルにおける倫理学の構想は、いかなる軌跡をたどるのであろうか。こうした問題を、新しい資料である、死後になって公刊されたテクスト(遺稿)と、生前に公刊されていた『存在と無』や『実存主義はヒューマニズムである』、『批判』第一巻および一連の戯曲その他のテクストとを照らし合わせることにより、検討していきたい。これが本書全体の課題である。

サルトルは、映画『サルトル――自身を語る』(一九七七年)のなかで、次のように語っている。「実は私は倫理学(Morale 道徳論)を二回書いた。四五年から四七年のあいだに書いたもので、……これは『存在と無』の続きとして発表できると思っていた『倫理学』である。――たくさんメモを取ったが、捨ててしまった。それから、もう一つの『倫理学』についての六五年頃の覚書がある」(F. 103)。このサルトルの発言は、ボーヴォワールによって書かれた晩年のサルトルについての回想録、『別れの儀式』のなかに、そっくり再録されている。(8) 最近のサルトル研究においては、サルトル自身のそうした発言を受けて、一九四〇年代後半の倫理学を「第一の倫理学」と呼び、一九六〇年代の倫理学を「第二の倫理学」と呼ぶのが、習わしとなっている。(9) 本書でもそうした区分に従って、サルトルにおける倫理学の構想の時期を第一期と第二期の二つに分け、考察していきたい。

第一部　第一の倫理学（一九四〇年代の倫理学）

第一章　サルトルにおける倫理学の構想

序

映画『サルトル――自身を語る』のなかで、サルトルは、自らの人生を三つの時期に分けて、説明している（F. 99-101）。それによれば、最初に、幼年期にまでさかのぼることができる、一種の「道徳主義（moralisme）」の時期があった。次に、戦後（第二次世界大戦後）になり明瞭に自覚し始めた「現実主義（réalisme）」の時期、つまりは「幾人かのコミュニストたち、ないしは非常に多くのコミュニストたちが身につけている政治的現実主義（réalisme politique）」の時期がくる。最後に、六五年、特に六八年以降に始まる、「道徳性（moralité）を政治のなかに存在する何か」として捉える時期がくる。[1] 道徳主義、政治的現実主義、新たな道徳主義、この流れこそが、モラル（倫理、道徳）に関してサルトルが実人生においてたどった軌跡である。本章では、これを手がかりにして、個々のテクストのなかでのモラル論の展開を跡づけていきたい。

一九三九年の十一月から十二月にかけて書かれた『奇妙な戦争――戦中日記』のなかの一節に、モラルに関する考察が集中的に見られる。第二次大戦の初期の頃は「奇妙に」平穏だった。そこでサルトルは、動員されていた身ではあったが、毎日、「レザーの手帳」に、自分の生活の様子を書き留める時間的余裕をもつことができた。そして、その手帳は、たんに日々の生活を記録するためだけに使われたばかりか、「自分の過去の総決算(2)」のためにも、さらには「哲学理論の下書き(3)」のためにも使われた。まずはこの『奇妙な戦争——戦中日記』をとおして、第二次世界大戦以前のサルトルにおける倫理学の構想を見てみよう。

一　道徳主義の時代

サルトルは、A・ジッドの日記を読みながら、ジッドにおける倫理的形成と、自らのそれとを比較した。サルトルが自らの倫理的形成を問題にするとき、テーマとするのは、芸術と人生との関係の問題である。芸術とは、この場合、文学、つまりは、ものを書くことである。一方、人生とは、恋愛、友情、政治、自分自身との関係、その他文学以外の一切のことである。そして、芸術と人生とのかかわりという観点から、それまでの自分の人生を三つに区分している。まず、一九二一年から二九年までの時期は、ただ書くことだけに専念していれば人生はおのずと開け、偉大な作家になれる、と信じて疑わなかった、いわば楽観主義の時期である。続く二九年から三七年までの時期は、人生に確信がもてなくなり、悲観主義に陥っていた時期である。学生時代が終わり、兵役についたり、教職についたりしていくなかで、もはや人生の猶予期間は終わってしまった、ということを強く意識し始めたのであった。(4) 人生はとりかえしのつかぬものになってしまったのである。「人生は背後からやってきて、人はそのなかに陥る」(CDG. 99)。実人生に悲観的になってしまった以上、作家には、もはや書くことしかおのれを救う道は残されていない。不条理な人生から逃れるためには、無限に芸術作品を産み出していくほかない。これが「芸術による救済のモラル (morale de salut par l'art)」と呼ばれるものである。

ところが、三七年以降になると、芸術による救済のモラルに対しても疑いをもち始める。というのも、その頃になると、芸術というものがひどくむなしいもののように思われ始めてきたからである。サルトルにそのように思わせる原因となったものは、オルガとの恋愛体験である。サルトルは、オルガという女性の「むき出しの瞬間的な」意識、「ひたすら激しく純粋に感じているだけらしい」意識に、すっかり圧倒されてしまった (CDG. 102)。そして、それと同時に、自分の不純な部分が焼き尽くされてしまうように感じた。サルトルは、実人生という現実がもっている可能性に目覚めたのかもしれない。また、ちょうどその頃、小説の『嘔吐』や『壁』が雑誌に掲載されることが決まり、人生がにわかに開けてくるのを感じていた。サルトルは、もはや偉大な作家の人生ではなく、「私の人生」(CDG. 102 ——強調はサルトル) を意識し始めていた。

以上が、一九三九年当時のサルトルが行なった、芸術と人生との関係をめぐる、自らの倫理的形成についての総決算の概要である。一方、哲学理論としての倫理学の構想という側面に関していえば、すなわち、サルトルのテクストをとおして見られるモラル観についていえば、四〇年代半ば頃までは、芸術による救済のモラル (美的救済のモラル) が中心を占めていたように思われる。

サルトルが最初に倫理学を構想したのは、一九二五年頃のことであった（ただし、文献としては残っていない）。それは、G・デュアメルの『世界の所有』（一九一九年）のなかの一節をもとにして書いたものである。長い修練によって世界を知る（所有する）ようになることに幸福を見出すデュアメルにならって、サルトルは、征服（conquête）と所有（possession）の行為により、最終的には、世界を自分ひとりの下に屈服させることを目論んだ。それは、たとえば風景や空を、自分が見ているとおりに絶対的に存在する、と考えることである。目に映るすべてのものに無条件の絶対性を付与することによって、絶対を探求すること、それこそが戦前のサルトルの主要な関心事であった。この絶対の探求とは、書くこと、表現することであり、物という絶対的なものを、私というもう一つの絶対的なものが我有化すること（appropriation）である。「ひとりで世界を所有することができる。ひとりで世界について考えることができる。世界は、単独の人間（homme seul）にその秘密を委ねている」（CDG. 109）。

こうした絶対の探求が、芸術による救済のモラルと結びつく。というのも、モラルとは、『倫理学ノート』の表現によれば、「巧みに窮地を切り抜ける仕方」、「救済が絶対において可能である、とする仮定」（CM. 24）だからである。つまり、倫理的であるということは、「存在の秩序のなかでより高い尊厳を獲得すること」（CDG. 107）であるがゆえに、絶対の探求と、倫理的であること（モラルをもつこと）とは、同じことなのである。

こうして絶対の探求は、必然的に、実存的なものについての考察へとサルトルを導く。単独の人間が自己のより高い尊厳を求めて生きること、それこそが、戦前のサルトルが描く人間の存在の仕方であった。そしてまた、単独の人間の芸術による救済のモラルこそ、のちにサルトルが回想して、「道徳主義」の時期と呼んでいた戦前の時期のサルトルのモラル観を、典型的に表わしているものである。

では、単独の人間が求める絶対的なもの（absolu）とは、いかなる意味において絶対的なものなのであろうか。もし、たんに恣意的な意味で絶対的なもの、といっているなら、絶対的なものを獲得したということも、たんなる自己満足にすぎなくなってしまうであろう。それに対して、サルトルが唱えるのは、「本来性のモラル（morale de l'authenticité）」（CDG. 121）である。芸術による救済のモラルは、本来性のモラルと言い換えてもよい。つまり探求すべきものは、絶対的なもの、すなわち「本来性」ということになる。

二　本来性の起源と本性

本来性のモラルを哲学理論として整理してみよう。『奇妙な戦争――戦中日記』によれば、モラルとは、人間それ自身という目的に向かう「目的の体系（système des fins）」（CDG. 136）のことである。そして、その目的を立てることができるのは、「自らが自らの可能性である存在、すなわち未来における自らの可能性へと自己を投企する存在」だけである。つまり、行為主体と目的との関係は、《世界‐内‐存在》としての人間存在を前提にしている。このことをもう少し敷衍すれば次のようになる。「人間存在の存在形態とは、自らの自由によって実現されるべき価値（valeur）という形式の下で、その実存により構成されるようなもの」(CDG. 137) である。そして、この実現されるべき価値こそ、未来における自らの可能性、目的、つまりは本来的自己である。結局、モラルとは、「世界をとおして人間存在と自己との関係を規制する法 (loi)」(CDG. 138 ―― 強調はサルトル) をいう。『存在と無』のなかで描き出された人間存在の姿とは、このように、本来的自己つまり価値へと向かって自らを投企する、人間の存在の仕方にほかならない。

『存在と無』によれば、人間存在とは、偶然性・事実性 (contingence/facticité) と価値との、生きられた関係である。「人間存在の存在は、根源的に、実体ではなくて、生きられた関係である。そして、その関係の項とは、根源的な即自 (En-soi)、すなわち、偶然性や事実性のなかに凝固させられ、その本質的特徴とは、それが存在する (il *est*)、ということ、それが現実に存在する (il *existe*)、ということである即自と、即自‐対自 (En-soi-pour-soi)、すなわち価値 (偶然的即自の理想として存在し、あらゆる偶然性、あらゆる現実存在の彼方として特徴づけられる)」(EN. 664 ―― 強調はサルトル) とである。人間存在は、この二つの項のうちのいずれでもない。対自としての人間存在は、自己原因たる即自‐対自へ向かって自己を投企するときの、偶然的即自の無化にほかならない。人間存在は世界に欠如 (manque) をもたらす存在である。このことは、人間的事実としての欲望のことを考えて見れば、十分証明されうる。人間存在とは、欠如分 (manquant) を埋め合わせようと努力している現実存在者 (existant) である。そして、人間存在が目標とする、欠如分が完全に埋め合わされた状態こそが、全体的存在としての自己、つまりは価値(5)と呼ばれるものである。

しかしながら、人間存在は、この価値としての全体的自己には、決して到達することができない。

人はただ神になろうとして挫折を繰り返すばかりである。人間は無益な受難なのである。それにもかかわらず、自己を選択することにより、世界を引き受けなければならない。そのとき、人は本来性(authenticité)に向かう(EN. 111 n.1)。

ところで、本来性と対立するものとして、自己欺瞞(mauvaise foi)がある。サルトルは、自己欺瞞に陥っている者の典型として、「指導者」、「謹厳な精神」、「分別ざかりに冒された人」などを挙げている。そのような人びとはみな、自己の偶然性を恐れ、すべての存在が相対的で無償という性格を有していることを承認せず、その一方で、自分の既得権を正当なものと信じて疑わない。彼らは、たとえば遺産を受け継がなければならないことを理由にして、自ら選択することをせず、結局、自らに全面的自由を隠してしまっている。

それに対して、『蝿』(一九四三年初演)のオレストは、自らの選択によって罪を引き受ける。「僕はこの太陽の前で、僕の罪を引き受ける。その罪こそが僕の生存理由であり、僕の自尊心(orgueil)なのである」(Mch. 244)。自ら行動を起こすことは、自己欺瞞の克服へとつながる。自己欺瞞的態度は、あくまで克服すべきものである。自己欺瞞に陥っている状態とは、全面的な非本来性の状態である。サルトルにおいて、自己欺瞞的態度は、あくまで乗り越えるべきものとして描かれる。(6)

ここで、サルトルにおける本来性の概念について、『ユダヤ人問題についての考察』(一九四六年に発表)により、さらに確認しておこう。「本来性とは、いうまでもなく、状況を明晰かつ正当に自覚し、その状況が内包する責任と危険とを引き受け、誇りをもって、あるいは恥辱のなかで、ときには恐怖や憎しみによって、その状況の権利を主張することである」(RQJ. 109)。本来性の状況に身を置くことは、大変な勇気を必要とする。サルトルにいわせれば、ブルジョアもキリスト教徒も、それぞれの条件を最後まで生き抜くことをせず、どこかでごまかしている。したがって、彼らは、本来性に到達しているとはいえない。ユダヤ人とて同じで、本来的ユダヤ人とは、ユダヤ人としての条件を最後まで生き抜く人のことであるのに、ユダヤ人ほど、非本来的なものへの誘惑に負けやすい民族はいないのである。

いずれにせよサルトルは、自己欺瞞的態度を脱し、自己を選択することによって世界を引き受けることのなかに、本来性へと向かう人間存在の姿を見た。そして、本来性へと向かって自らを選択することを根源的選択（choix originel）と名づけ、実存的精神分析（psychanalyse existentielle）にかけ、それを解明しようとした。サルトルはその実存的精神分析のことを、「倫理的記述」（EN. 720 ── 強調はサルトル）と呼んでいる。実存的精神分析は、われわれに、人間存在の投企の倫理的意味を引き渡すことができるのである。倫理学的価値の問題を扱うことができるという点が、実存的精神分析の、フロイト流の精神分析（サルトルは、経験的精神分析と呼ぶ）とは違う、大きな特徴であった[7]。

以上、哲学理論としての本来性の起源と本性について確認した。サルトルは、その本来性にもとづくモラル論を、一連の戯曲（『蠅』をはじめとする、いわゆる「状況劇」）などにおいて展開した。

ところが、一九四六年に出された『実存主義はヒューマニズムである』においては、早くも、本来性のモラルを乗り越えようとする記述が見られる[8]。孤独と自由のなかで自らを選択することを旨とする本来性のモラルを構想しながらも、それと同時に、「私は私の自由と同時に、他人の自由も望まないではいられなくなる」（EH. 83）といった場面を、サルトルは考え始めた。サルトルは、自らの自由を欲することをとおして、われわれの自由はまったく他人に依存していること、また、逆に、他人の自由もわれわれの自由に依存していることを発見する。もちろんサルトルも、「人間の定義としての自由は、他者に依存するものではない」ということを、相変わらず確信している。しかしながら、人は、完全な本来性に直面したとき、（自分の）自由を欲しないでいることはできないと同時に、他人の自由も欲しないではいられない存在である、ということを認めないわけにはいかない。そして、こうした事態は、結局、アンガジュマン（engagement）に起因する。なぜならば、サルトルによれば、私の行動は、たんに私（個人）をアンガジェするばかりか、人類全体をもアンガジェすることになるからである。

本来性のモラルを乗り越えようとする兆しは、『存在と無』にも見られる。「われわれ（nous）を、主観‐われわれ（nous-sujet）に変化させることによって、われわれ全体を対象状態から解放する」（EN 494）という表現が、それである。そもそもサルトルは、自由に背を向ける人を指して、「自らを対象として捉える」（EN. 669）者として描いていた。つまり、対象の、主体に対する優位性を信じている者として、描いている。そうした人は、自己の権利や出自を信じきっている。それに対して、『蝿』のオレストは、孤独と自由のなかで、自ら（＝私、個人）の本来性へと向かって自己を選択した。ところが、『存在と無』の後半では、「主観‐われわれ」による投企がテーマとなってくる。ここでは、「主観‐われわれ」についてはこれ以上触れない。もう少し先にいって（第一部第三章）、再び問題にしたい。

三　政治的現実主義の時代

一九四〇年代後半から五〇年代にかけて初演された戯曲は、モラルそれ自体を排除する方向で一致しているように見える。つまり、道徳主義とは決別したように見える。「序論」で暗示しておいたように、一九四〇年代の後半に至り、サルトルは、「倫理は無益である」、モラルとは「観念論的トリックの総体のことである」という立場へと、大きく傾いていった。『存在と無』の末尾で予告した倫理学書の公刊が果たせなかった原因の一半は、そこにあったと思われる。

サルトルがモラルというものを排除しようとしていた時期に、メルロ゠ポンティもまた、「いかなる実存主義者も、かつて試みたことがないほど断固とした調子で、モラルを歴史に従属させていた」(9)。道徳主義というものが、ブルジョア的観念論の最後の牙城である、と考えるようになっていたサルトルは、メルロ゠ポンティに同調した。サルトルが戯曲のテーマとしたものは、「有効性(l'efficace)と人間性(l'humain)、歴史的行動と道徳性の二者択一は実際に存在するか」(10)という、メルロ゠ポンティの問いかけそのものであった。

一九四六年に初演された『墓場なき死者』では、『蠅』のオレストと同様に自尊心にとらわれた女性、リュシーをめぐって話が展開する。リュシーはマキ(対独レジスタンス組織)のメンバーである。彼女は仲間とともに、対独協力派の民兵たちにより捕らえられる。リュシー以下五人のマキ団員たちは、やがて始まる拷問に恐れおののいている。リュシーにとって、対独協力派の拷問に屈することは、自尊心を傷つけられることを意味する。もっとも、レジスタンスの経験が浅く年齢も若い、リュシーの弟、フランソワにとっては、拷問は耐え難い。彼は恥辱を受けることを覚悟で、ともかく生き延びたい、と考える。「僕はどんな命でもいいから欲しいのだ。一生は長いのだから、恥なんか通り過ぎてしまうよ」(MSS. 174)。生き延びるためには、密告もあえて辞さない決意である。だが、リュシーにとっては、対独協力派に勝利の気持ちを味わわせることは、どうしても耐え難い。結局、拷問に屈して口を割る恐れのあるフランソワは、仲間の手により、姉の見ている前で絞め殺されてしまう。

はたしてフランソワは、リュシーの自尊心のために殺されてしまったのであろうか。仲間のひとりのカノリスは、リュシーに問い質す。「リュシー、それじゃ君は、自尊心 (orgueil) からフランソワを死なせてしまったのか」(MSS. 213)。リュシーは答える。「私は乾いた女、ひとりぼっちなの、自分のことしか考えられないの」(MSS. 214)。地上のものすべてが汚らわしいと考えているリュシーは、もはや地上のものには何の未練ももっていない。リュシーはただ、自分のモラルのためにのみ死のうとする。ところが、最後になって、リュシーはギリシア人のコミュニスト、カノリスの説得に応じて、外にいる仲間のために生き延びる決心をする。リュシーは、無益なモラルから脱却し、行動の有効性に目覚めたのであった (もっとも、結局リュシーらは、民兵たちによりあえなく撃ち殺されてしまう。こうしてこの芝居は幕を下ろす)。

一方、『墓場なき死者』の二年後の一九四八年に初演された『汚れた手』は、ユゴーとエドレルという、ふたりの人物をとおして、モラルと有効な行動との対立がより鮮やかに描かれている。ブルジョア出身の青年、ユゴーは、あくまでも主義主張に拘泥する。彼は、デモクラシーのために、自由のために、階級なき社会のために闘おうとしている。そのためには、必要ならば、暗殺をも企てる。ユゴーが上層部の命令を受けてエドレルの暗殺を画策したのも、そのためである。もっとも、ユゴーがそうしたのは、それが命令であったからばかりではない。「僕は命令を尊重する。しかしながら、僕はまた、自分自身をも尊敬している」(MS. 84)。ここでも再び自尊心(『蝿』のオレストや『墓場なき死者』のリュシーがもっていたような)が登場してくる。ユゴーが上層部の命令に従ったのは、たんにそれが命令であったからばかりではなく、その場合に命令に従うことが自尊心を満足させることにつながっていたからでもある。

これに対して、暗殺されるエドレルの方は、目的のためには手段を選ばない人物である。彼は、政権奪取のためなら、ファシスト政府や、国家主義的、自由主義的ブルジョアと同盟関係を結ぶことも、あえて辞さない。エドレルの最大の信念はこうである。「手段はすべて、それが有効であるとき、いいのだ」(MS. 193)。エドレルから見れば、ユゴーは、純粋さに執着し、手を汚すことを恐れている。エドレルによれば、それは行者や修道士の思想にすぎない。それでは世の中を本当に変革することはできない。「革命とは、値打ち(mérite)の問題ではなくて、有効性(efficacité)の問題である」(MS. 218)。

いったい、サルトルは、ユゴーに味方しているのか、それともエドレルに味方しているのか。それは一概には決められない。そのことは、『汚れた手』という戯曲の解釈上の最大の争点の一つでもあろう。それはともかくとして、サルトルはユゴーとエドレルとのあいだを揺れ動いている、といえるのではないだろうか。あるいは、ユゴーを乗り越えようと努力している、といった方がよいかもしれない。どちらかといえば、ユゴーの方がサルトルの実像に近い。エドレルはユゴーに向かって、「君たちインテリ、ブルジョアのアナーキストは、純粋さを口実にして何もしない」(MS. 194)といって非難するのであるが、サルトルはこの非難を、自分に対してなされたものとして受け止めるであろう。アナーキストという点では、リュシーや『自由への道』のマチウも同じである。彼らはみなサルトルの分身である。アナーキストは世の中に自分の居場所を見出すことができない。誰も愛していない代わりに、誰からも愛されていない、信頼されてもいない、と思っている。そうしたアナーキストが行なうことは、世の中を本当に変えることではなく、ただたんに世の中を破壊することだけである。その点では、行動の有効性に賭けるエドレルの方が、真の革命家になりうる。

観念論的モラルを棄て、行動の有効性に賭けるエドレルこそ、戦後のサルトルが一時傾倒していた政治的現実主義を体現している、といえる。サルトルは、戦争体験をとおして、人間はすべて政治的なものである、ということを発見した、と述べている。そして、そのことを本当に理解することができるようになったのは、一九四五年以降のことである、とも述べている(SX. 176)。

さて、サルトルの政治的現実主義がもっともよく表現されているのは、『悪魔と神』(一九五一年)かもしれない。『悪魔と神』は、一切の価値が転換されてしまった、不条理な世界における人間の生き方を描いている。武将ゲッツは、最初、悪を自分の存在理由とすることにより、絶対的悪を行なおうとしていた。しかし、人間は悪しか行なっていない、ということを、乞食僧ハインリッヒから教えられ、今度は絶対的善を行なおうとする。しかしながら、そのために建設した理想郷(太陽の国)は、無抵抗主義のために無惨にも破壊されてしまう。ゲッツは、絶対的善をなそうとして、またもや悪しか生み出さなかったことにひどく絶望する。「善の喜劇は殺人で終わった」(DBD. 223)。そしてそのとき、「神は死んだ」ということを、はっきりと悟る。もはや善であれ悪であれ、絶対的なものを求めることはできない。今や、地上に神の国を作るのではなく、地上に人間の国を作ることが緊要である。「これからは人間の時代が始まるのだ」(DBD. 233)。こうして、ゲッツは、農民戦争の指導者になっていく。地上的善のためには、殺人をも行なう。

このように、ゲッツは、観念論的モラルの空虚さに気づき、行動の有効性に賭けようとする。『倫理学ノート』の表現を借りるなら、「人間はあらゆる善悪の源泉である。そして、人間は自らが生み出す善悪の名の下に、評価される。ゆえに、ア・プリオリには善も悪もない」(CM. 23)。

一切の価値基準を失ってしまった人間にとって、もはや行動を律するためのモラルは存在しない。今や、人間は、その行動が有効であるか否かにより、評価される。「あることを行なうのは、それが有効であるからである。それは有効性により量られ、考慮されるのであって、道徳性といった、事を後らせることになるにすぎない、空虚な観念によるのではない」(F. 99)。こうして、モラルは排除され、有効性のみを問題とする政治的現実主義が、サルトル思想のなかに明確に現われてくる。これ以後、サルトル思想が求めるものは、絶対の世界ではなく、人間が作る現実の歴史という相対的世界となる。自由な決断の可能性を信じていたレジスタンス時代には、社会的決定因を無視した、まったく個人的次元での自由に執着していた。それが今や、「人間は常に、他人が彼を作り上げたものによって何ものかを作りうるのだ」[11] (SIX. 101) というようになる。

もっとも、サルトルにおいて、モラルの排除ということがいつまでも続いたわけではない。すでに本章の「序」で示しておいたように、六五年ないしは六八年以降は、モラルを、政治のなかに存在する何かとして、新たに捉え直そうとし始めるようになった。歴史の主体は、なんらかの理想目的（価値）をもたずして、歴史の主体であることはできない。しかしながら、その目的は、観念の世界に属することはできない。行動の有効性は、具体的現実のなかの目的により方向づけられる。こうして、サルトルは、モラルと歴史、人間性と有効性、との彼方に、新たなモラルとしての「具体的モラル（morale concrète）」を模索する。「モラルと歴史のアンチノミーの彼方に、現実的な行動の論理（*logique de l'action effective*）としての具体的なモラルがある」（CM. 111 ――強調はサルトル）。

サルトルによれば、従来のモラル、すなわちブルジョアのモラルは、観念論的で、抽象的なものにすぎない。しかし今や、「抽象的モラル（morale abstraite）は存在しない。状況内（en situation）の具体的モラルしか存在しない」（CM. 24）。この「真の道徳性（具体的な）」とは、「有限で創造的な、革命的政治により、目的の国（règne des fins）を準備する」（CM. 487 ――強調はサルトル）もの、とされる。いったい、具体的モラルとは、いかなるものであろうか。

四　具体的モラル

実は、モラルというものが存在するという考えを、サルトルは一度も棄てたことがなかった。たしかに一時期、モラルを排除し、政治的現実主義へ傾いた。しかしながら、あとになって、当時を回想して、そうした現実主義の考え方には、「むしろうんざりし、気詰まりな思いをした」(F. 99)といっている。サルトルは、モラルというものに、常に、関心を抱いてきた[12]。そしてそのことが、「具体的モラル」の提唱へと結実する。「具体的モラル」という言葉は、遺稿である『倫理学ノート』において初めて見られるものである。しかしながら、すでに、『文学とは何か』においても、類似した(というよりも、まったく同一、といってもよい)考え方が見られる。それは、『倫理学ノート』が書かれた時期と、『文学とは何か』が書かれた時期とが重なっていることによる、至極当然の結果といえよう。

さて、サルトルは、『文学とは何か』のなかの「一九四七年における作家の状況」と題された章において、次のように述べている。「いかにして人は歴史のなかで、歴史をとおして、また歴史に対して、自らを人間となすことができるか。われわれの何ものにも還元できない唯一の意識と、われわれの相対性との総合、すなわち独断的ヒューマニズムと、遠近法主義(perspectivisme)との総合は、可能であるか。モラルと政治との関係は、いかなるものであるのか」(SII. 251)。また、その少し先で次のように述べている。「歴史における、また歴史に対する行動としてのプラクシス(praxis)、すなわち、プラクシスがわれわれに明らかにしてくれる、すばらしくもあり、また取るに足りない、敵意をもっていると同時に友好的でもあるこの世界による、モラル的、形而上学的絶対と、歴史的相対性との総合としてのプラクシス、このプラクシスこそがわれわれの課題である」(SII. 265)。ここでサルトルは、プラクシスという言葉で、「具体的モラル」のことを表現している。結局、サルトルが考える文学とは、モラルの形而上学的絶対性と歴史的事実の相対性との折り合いをつける文学のことである。そのとき、作家の責任は、「抽象的モラルという観点からではなく、社会主義的デモクラシーの実現という、はっきりした目標により見通しを立てて、手段を評価すること」(SII. 310) によりはたされる。この『文学とは何か』からの最後の引用文は、そのまま『倫理学ノート』の次の文章につながっていく。「今日、モラルは、革命的社会主義的であらねばならない」(CM. 20 ——強調はサルトル)。

以上により、「具体的なモラル」というものが有する目標が、ある程度明確になってきた。「具体的モラル」とは、革命家のモラルのことであったのである。本章の最後にあたり、以下において、『倫理学ノート』により、「具体的モラル」について、整理しておこう。

サルトルによれば、モラルとは、一般的にいえば、定義上、抽象的なものである。モラルとは、目標 (but) というものが存在していないときに、人が自らに与える目標である。モラルとは、人が他人とのあいだにたんなる存在論的関係しかもっていないときに、他人を取り扱う仕方である。したがって、私と他人との関係が他人の普遍的人格についての、たんなる形式的再認によって定義されるとき、モラルは現われる。モラルとは、法的人格相互の関係の、たんなる形式的ゲーム規則 (jeu) にすぎない。抽象的な権利規則が人格を規定するとき、モラルは現われる。モラルは、内容空疎なものである。たとえば、いかなるモラルも、革命家に対して、いかに振る舞うべきかを教えてはくれない。そもそも革命家は (レーニンもいっているように)、モラルをもってはいない。革命家、すなわち歴史の主体は、モラルなしですませる。

このようにしてサルトルは、モラルが無益であることを説く。しかしながら、革命家といえども、何の目標ももっていないわけではない。具体的目標 (but concret) をもっている。しかも、革命家が自らに立てる目標により、彼の義務はすでに公にされている。ところで、革命家、すなわち歴史の主体が自らに課す具体的目標は、人間と価値についてのある概念を想定している。そのことは、理念的目標（but idéal）をもたずして、歴史の主体であることは不可能である、ということを意味している。政治的現実主義のように、目的を実現するための手段は何であってもよい、ということにはならないのである。つまり、一つの理念としての目標を立てるなら、その目標を実現するための手段は、当然具体的状況のなかから決まってくるのである。

こうして、モラルを事の始めに立てるのか（道徳主義）、それとも、行動の有効性のみで評価するのか（政治的現実主義）、換言するならば、絶対的価値を追求するのか、それとも相対的、偶然的歴史のなかで生きるのかの、アンチノミーの彼方に、サルトルは「具体的モラル」による実践（プラクシス）、すなわち「現実的な行動の論理」[13]による実践を提唱する。

以上のように、サルトルにおける倫理学の構想は、倫理学に対して否定的、批判的な時期をあいだに挟んで、結局は、倫理学に積極的にかかわる姿勢のなかで実を結ぶことになる。というのも、「私は人間を理解しようとするパッションをもっている」といってはばからないサルトルに、言葉の本来の意味でのモラリストの姿を見て取ることは容易であり、そしてモラリストは、そもそも人の振る舞いに強い関心をもっているからである。サルトルが『倫理学ノート』において行なったことは、『存在と無』がもっている倫理的な意味合いを、「個人の振る舞いと行動についての現象学的な記述と分析」[14]によって、発展させることであった。

結び

サルトルは、一九六四年、ローマで開催されたグラムシ研究所主催の討論会（「倫理と社会」）に出席した。その討論会で、彼は、「決定と自由（Détermination et liberté）」という題名の報告を行なっている。その報告は、サルトル倫理学の新しい方向性を示すものとして、すなわち具体的モラルの中身を表わすものとして、興味深いものである。詳しい論究はあとに譲るとして（第二部第一章）、ここでは、簡単に方向性だけを示しておきたい。

サルトルはその報告のなかで、規範（normes）についての実証主義的概念を批判している。実証主義的、あるいは新実証主義的立場からすれば、制度、法、慣習、価値といった、社会的事物（objets sociaux）の共通の存在論的構造として、規範と呼ばれるものがある。しかしながら、サルトルにいわせれば、規範とは、「社会的役割あるいは文化的決定としての、そのかぎりでの実践（pratique）が、実践により鍛練される個人とのあいだに保つ、見かけ上の関係[15]」である。新実証主義者たちは、歴史をシステムに従属させているのである。彼らは構造主義者なのである。構造主義者は、歴史を、システムの内的産物と考えがちである。サルトルはそうした考えを非難する。「実践の客観化をとおしてシステムを生み出すのは、ほかならぬ人間である[16]」。結局、サルトルがこの報告のなかでいいたかったことは、構造主義に誘惑された幾人かのマルクス主義者たちが、歴史の原動力としての階級闘争を眠らせてしまっている、ということであった。

後期のサルトル思想、すなわち『弁証法的理性批判』第一巻以後のサルトル思想の最大の関心は、個人と歴史との関係の問題であった。すでに『倫理学ノート』において、「精神（Esprit）が一つであれば、歴史は一つの意味をもつ」（CM. 27）と述べている。このいわばヘーゲル的全体についての考え方は、それまでの（たとえば『存在と無』における）全体分解的全体（totalité détotalisée＝対自の脱自的統一）の考え方とどのように異なるのか。そうした後期の思想につながる問題群が『倫理学ノート』には出てくる。

本章では、『奇妙な戦争――戦中日記』や『倫理学ノート』といったサルトルの死後刊行された遺稿から示唆を受けて、生前に刊行されていたテクストとつき合わせながら、日の目を見なかったサルトル倫理学の構想を明らかにしようと試みた。次章以下では、『倫理学ノート』のなかにさらに深く分け入っていきたい。

第二章　本来性のモラル

序

前章では、遺稿である『倫理学ノート』、『奇妙な戦争——戦中日記』、さらにはサルトル最晩年の肉声である、映画『サルトル——自身を語る』などを使い、『存在と無』、『文学とは何か』、一連の戯曲などと照らし合わせながら、サルトルにおける倫理学の構想の見取り図を示した。そこで本章では、『存在と無』と直結する倫理学（第一の倫理学）の中心的問題設定と見なしうる「本来性のモラル（morale de l'authenticité）」について、改めて論究してみたい。

さて、神が存在しない時代に生きる現代人にとって、孤独のなかで本来性に向かって自己を選択する以外、進むべき道はないように思われる。そして、そうした選択行為においてこそ、人間の自由が発現するように思われる。サルトルが模索した人間の自由は、まさにそうした形における自由であった。また、それがサルトルのいわゆる実存的倫理を、根底から規定しているものであった。

サルトルの実存的倫理といえば、従来、選択あるいは決断といった個人の主体的行為だけが重んじられる倫理、と見なされてきた。したがって、サルトル的倫理において行為の結果は問題にならない、というわけである。つまり、サルトル的倫理はいわゆる「心情の倫理」である、というわけである。(1)しかしながら、サルトルにとってもまた、行為は決して放縦であってはならないはずである。人は、常に何かに向かって選択しているはずである。今まで、サルトルの実存的倫理に関しては、個人の選択、決断といった行為の現象面だけがクローズ・アップされすぎ、個人は何に向かって選択、決断するのかといった本質的側面については、ないがしろにされてきた嫌いがある。それではいったい、個人は何に向かって選択、決断するのであろうか。それは、本来的自己に向かってである。サルトルの実存的倫理とは、本来性のモラルのことである。この本来性のモラルこそが、『存在と無』の存在論によって垣間見ることのできた、「状況内の人間存在を前にして、自らの責任をとる倫理（éthique）」（EN. 720 ——強調はサルトル）の真の姿であった。

ところが、サルトルは、本来的自己あるいは本来性について十分に語ってこなかった。たとえば、『存在と無』のなかでは、脚注において言及されているにすぎない。そこでは、本来性を、「頽落した存在の、それ自身による回復」と規定しているだけで、本来性について記述することは、「今はまだ早い」としている（EN. 111 n.1）。本来性についての本格的な論究は、『存在と無』の末尾で予告された倫理学書においてなされるはずであった。しかしながら、倫理学書は出されずに終わった。ところが、死後出版された『倫理学ノート』、『奇妙な戦争——戦中日記』、『サルトル書簡集』には、本来性をめぐる考察が含まれている。本章では、そうした新しい文献（遺稿）を視野に入れて、サルトルの思想を本来性のモラルという観点から読み直してみたい。(2)

一　ストア主義と本来性

サルトルは、『存在と無』の執筆、刊行に先立つ時期（一九三九年）に、倫理学的問題について集中的に思索を重ねた。本来性についても、その時期に、同様に考察がなされた。一九三九年十一月二十七日付の「ボーヴォワールへの手紙」において、サルトルは、「今朝ほど僕は手帳にストア主義と本来性——本来性とジッド的情熱——について、……長々と書いた」（L.I.440）と述べている。ここでいう手帳とは、『奇妙な戦争——戦中日記』のことである。そこで、この手帳の該当箇所を見てみよう（CDG.68-75）。

サルトルによれば、「運命に打ち克つよりおのれ自身に打ち克て」というストア主義、すなわちジッド的純粋さと、「自己への忠実さ、世界への忠実さから、苦しむことを受け入れよ」と要求する本来性とは、異なるものである。ストア主義の方は、自己の欲望を根本的に断ち切ることを要求する。しかしながら、人は容易に自己の欲望を断ち切ることなどできない。もしどうしても断ち切らねばならないのなら、われわれは、自己の欲望の根絶に都合のよいなんらかの価値下落を、欲望の対象に被らせなくてはならなくなる。このようにしてストア派は、魂の平静を得るという目的のために、強引に自己の欲望を抑えることを要求する。「ストア派は、自己の目標を達成するために、自分に対する暴力と嘘に頼るプラグマティストである」。それに対してサルトルは、ストア派の教えに対抗して、「決して事物の価値を自分に隠してはならない」と主張する。本来性は、われわれに、多少泣き虫になれ、と要求する。人がこの世を去るとき、未練なく去ることなどできない。未練なく去ることができる、と考える者は、「なんらかの形で自己を欺いている」のである。ストア主義は自己を欺くものである。

以上、サルトルの論述に即して、ストア主義の考え方を要約した。サルトルの倫理学は、ある時期まで、ストア主義に閉じこもっていたように思われる。それは、自尊心（orgueil）にとらわれていた時期、と言い換えてもよい。この場合の自尊心とは、『墓場なき死者』のリュシーや、『汚れた手』のユゴーなどがとらわれていたものである。リュシーにとって、対独協力派の拷問に屈することは、自尊心を傷つけられることを意味する。また、ユゴーが上層部の命令（エドレルを暗殺せよ！）に従うのは、そのことがデモクラシーのために、自由のために、階級なき社会のために闘おうとしている自分の自尊心を満足させてくれるからである。

こうしたストア主義は、人は常に自由である、といういわば観念的自由の考え方にもとづいている。サルトルは、『存在と無』の執筆に取り組んでいた頃、「昔のストア派のように、人は常に自由である、たとえ死に至るかもしれないきわめて遺憾な状況においてさえ自由である」(3)と信じていた。こうした観念的自由、そしてそれを構成している選択や決断の自由こそが、前期のサルトル哲学の基礎を構成していたことは疑いえない。たとえば、サルトルによれば、戦争を宣言したのは自分以外の人たちであるとしても、「この戦争が存在する」ということを決定したのは「私」である。「私」の自由は、いかなる強制によっても支配されない。そして、「私」は、自分が行使した自由についていかなる言いわけももたない。サルトルによれば、人間存在の特徴は、「言いわけなしに存在する」ということである。結局、人間は「一つの絶対的な自己選択」(EN. 640) なのである。

ところが、ある時期以降、サルトルは、「人が自由ではありえない事態が実際に存在している」(4) と考えるようになる。サルトルは、戦争を体験することにより、死は自由を抹殺するということに気づいた。同時に、人が自由であるためには、万人が自由であることが必要であるということにも気づいた。「自由が他の人間に対して拒絶されるなら、自由は自由であることをやめる」(5)。こうしてサルトルは、観念的、個人的自由と決別する。(6) そして、観念的、個人的自由に根拠を置くストア主義を、「自己満足のモラル」(L.I.458) と名づけ、批判する。こうしてサルトルによって、本来性がストア主義と対置させられる。

『奇妙な戦争——戦中日記』によれば、「本来性は、人間の条件、すなわち状況に投げ込まれている存在の条件から出発してしか、理解されない」(CDG. 72)。本来的であるとは、いかなる状況であれ、自己の〈状況 - 内 - 存在〉を余すところなく現実化することであり、そのとき、〈状況 - 内 - 存在〉の本来的実現によって、われわれは、状況と人間を十全な存在へと至らせるのだという深い意識をもつ。このような『奇妙な戦争——戦中日記』において考え抜かれた本来性の概念は、一九四六年に出版された『ユダヤ人問題についての考察』と相通ずるものがある。サルトルによれば、「ユダヤ人にとって、本来的であるとは、ユダヤ人としての条件を最後まで生き抜くことであり、非本来的であるとは、その条件を否定したり、横道へ避けたりすることである」(RQJ. 110)。そして、ユダヤ人にとってばかりでなく、誰にとっても、本来的であるとは、自己の状況を「自覚し」、「引き受ける」ことなのである。しかしながら、人は誰でも自己の条件を最後まで生き抜こうとせず、どこかでごまかそうとするのが常である。とりわけユダヤ人はそうなのである。なぜなら、ユダヤ人が生き抜かねばならない状況とは、まさに殉教的状況にほかならないからである。結局、ユダヤ人は自己欺瞞（mauvaise foi）に陥っているのである。

二　自己欺瞞と純粋な反省

人間は自己欺瞞を脱却して、本来性に向かって自己を選択しなければならない。サルトルは、本来性へ向かって自己を選択することを、根源的選択（choix originel）と名づけ、それを実存的精神分析によって解明しようとした。もっとも、実存的精神分析は、『存在と無』のなかでは本格的に扱われていない。なぜなら、実存的精神分析は、人間の投企の倫理的意味をわれわれに教えてくれるものであるが、『存在と無』は、まだ「倫理的記述」を行なう場ではなかったからである。そもそも、本章の「序」ですでに指摘しておいたように、本来性については、『存在と無』のなかではほとんど言及されていないのである。

『存在と無』のなかでは、せいぜい、本来性は、不純な反省（réflexion impure）が、カタルシスという形で自分自身のうえに行なう一つの変様の結果としてしか到達されえないもの、とされていただけである。そして、「そうしたカタルシスの動機づけと構造を記述することは、目下の問題ではない」（EN. 206-207）とされていた。純粋な反省（réflexion pure）を、本来性に向かっての自己の選択（根源的選択）を顕在化するための方法として暗示しておきながらも、そのような反省の実際の適用は、将来の課題として留保するにとどまった。本来性について本格的な論述がなされるのは、『倫理学ノート』においてである。(7)

『倫理学ノート』によれば、純粋な反省によって、自分自身による、自分自身のための、本来的な新しい存在の仕方がもたらされる。そうした新しい存在の仕方は、『存在と無』のなかで盛んに論じられた「誠実（sincérité）と自己欺瞞の弁証法を、乗り越えるものである」（CM. 490）。そこでまず、本来性へ至る方法としての純粋な反省について、見ておこう。

最初に、純粋な反省の構造を見てみよう。『倫理学ノート』によれば、純粋な反省は、私が在るところのもの（自我）によって私を定義することを拒否し、私が欲するところのもの（行為）によって私を定義する。つまり、私の企てそのものによって、その企てが他者（客観的なもの）に対して現れるかぎりにおいてではなく、その企てが私の方へその主観的な面を向けるかぎりにおいて、私を定義するのである。というのも、本来性に従えば、唯一妥当な投企は、在る（être）ではなく、為す（faire）であるからである。しかも、為すという投企は、具体的な状況に働きかけ、その状況をある方向に変様する投企であるからである。たとえば、ある人の愛情を規定するものは、その人がきょう、他人（＝隣人、友人、恋人）に対して行なった具体的献身であって、その人が考えたり、感じたりしたことではない。そして、絶えざる問題化という直接的な体験において、また、世界において自らに対して現れるような〈対自（pour-soi）＝意識〉の具体的企てを、反省的に記述することによって、本来的対自が対自自身に現れる。このような本来的な対自、すなわち本来的な私（自己）を、純粋な反省によって把握することは、意志に向けられた意志、つまりは一つの投企であり、そうした投企は、選択という実存的次元において自己自身を取り戻すのである。

次に、純粋な反省の動機づけを見てみよう。『倫理学ノート』によれば、純粋な反省へとわれわれを導くものは挫折（échec）である。そもそも、サルトルによれば、「モラルは挫折の気分のなかで生じる。……そうした挫折において、またそうした挫折をとおして、われわれはそれぞれ倫理的責任をとらねばならない」（CM. 19）。サルトルにとって、挫折こそがわれわれを倫理的振る舞いへと導くものであった。

ところで、『存在と無』においても、さまざまな形で挫折が語られていた。「意識相互の関係の本質は、共存在（Mitsein）ではなく、相克（conflit）である」（EN. 502）。「愛は相克である」（EN. 433）。「快楽は欲望の死であり、欲望の挫折である」（EN. 467）。「憎悪はそれ自身一つの挫折である」（EN. 483）。「われわれは、永久に〔他者を対象化しようとする投企と、他者を私のものにしようとする投企、という他者に対する私の二つの原初的な態度の〕循環から脱出することができない」（EN. 431）。従来、こうした挫折は、サルトル思想がもつペシミスティックな人間把握を表わすものとされてきた[8]。しかし、『倫理学ノート』によれば、モラルは、挫折から出発してこそ語られるのである。そして、この挫折こそがわれわれを、純粋な反省、または非共犯的反省（réflexion non complice）、または回心（conversion）へ導くものとして捉えられている。人間にとって、自由でありえない状態に陥ることは、一つの挫折である。しかし、われわれはそのような状態を生きねばならない。そのとき、「挫折が〔われわれを〕回心へと導く」（CM. 42）のである。

実は、この回心についても、『存在と無』の脚注において、「われわれが今は語ることのできない」(EN. 484 n.1) ものとされていた。しかも、同じ脚注において、回心(根本的回心 conversion radicale) の果てに、「解放 (délivrance) や救済 (salut) のモラルの可能性」が「達成されるにちがいない」(EN. 484 n.1) と、述べられている。はたせるかなこの回心についても、『倫理学ノート』のなかで詳しく論じられているのである。すなわち、㈠「回心は、すべての抑圧されている者において、潜在的に可能である」。㈡「回心は、存在するための対自のあらゆる試みの、絶えざる挫折から生まれる」。㈢「回心は、共犯的反省 (réflexion complice) の挫折そのものから生じる」(CM. 488-489)。

以上のように、回心もまた、本来性や純粋な反省とともに、『存在と無』以後のサルトルの倫理学的考察のキー・ワードとなるのである。『倫理学ノート』は、そのことをわれわれに証明してくれる。すなわち、『倫理学ノート』によれば、〈回心や純粋な反省をとおして、われわれは本来性に向かうのである。その前に、われわれはまず挫折を経験する。しかも、その挫折において、われわれは自己欺瞞に逃避しているのである〉。サルトルにおける存在論から倫理学への転換点について要約すれば、そのようなものとなるであろう。サルトルはそのような転換点を意識して、まずは、自己欺瞞に逃避している人間の現実の姿を、徹底的に暴いた。意識のなかに対自の構造があるかぎり、自己欺瞞は常に可能である。すなわち、「それがあるところのものではなく、それがないところのものである」というのが意識の事実であり、そうした事実から出発するかぎり、人間はいつも自己欺瞞的なのである。人は、自らが信じるものを、決して信じない。したがって、自己欺瞞は、そうした意識の事実がもつ「自壊作用 (auto-destruction)」(EN. 111) を利用することでしかない。

ところで、自己欺瞞は、それがあるところのものではなく、それがないところのものである、という人間存在の両義性（ambiguïté）において演じられている。人間存在の両義性とは、事実（fait）と価値（valeur）、対他存在（être-pour-autrui）と対自存在（être-pour-soi）、〈世界の‐ただなかに‐おける‐存在（être-au-milieu-du-monde）〉と〈世界‐内‐存在（être-dans-le-monde）〉として表現されるものである。自己欺瞞に陥っている人は、そうした両義性の一方のみを絶対的なものとして要請し、そのことによって他方を否定し、結局は両義性を否定しようとするのである。自己欺瞞に陥っている人は、自由を嫌い、既成の法則を、既成のものであるがゆえに外部から借用する。そのような人は、絶えず自分に隠し立てをしている。つまり、そのような人は、自己の選択権を放棄し、アンガジュマンの全面的自由を包み隠しているのである。このような形の自己欺瞞に陥っている人の例としては、本書の第一部第一章「二　本来性の起源と本性」においてすでに記したように、サルトルは次のような人たちを挙げている。「指導者（chef）」、「ろくでなし」、「生真面目な人」、「謹厳な精神」、「分別ざかりに冒されたひと」、など。サルトルはこういう人たちを、文学作品のなかで巧みに登場させている。

宿命論によって口実を設け、猶予の状態のなかに生きている人は、自己欺瞞から逃れられない。それに対して、自己欺瞞を克服しようとしている人間にとって、「存在するとは、自己を選択すること（*se choisir*）」（EN. 516 ——強調はサルトル）なのである。人間は、自己を選択するとき、つまり状況を自覚し、責任と危険を引き受けるとき、本来性に到達できる。つまり、本来性に向かう人は、人間存在の両義性を認めるのである。本来性とは、人間存在の根本的な両義性の回復——自覚と受諾（awareness and acceptance）——のことにほかならない[9]。

したがって、本来性とは、われわれが従うべき行動の規則というよりは、「生き方（way of life）」[10]ということになるであろう。

三　モラルと歴史

本来的人間は、人間存在の両義性を認める。[11] すなわち、本来的人間は、意識の至上権を求めると同時に、身体的、歴史的、社会的要因が自らの選択行為に影響を与えることも認める。そのことが、絶対的価値と、相対的、偶然的歴史との関係の問題として、一時期、サルトルの主要な関心事となる。その問題は、モラルと歴史（政治）との関係の問題と言い換えてもよい。

当時のサルトルにとって、モラルと歴史（政治）との関係の問題は、哲学的伝統に則った問題である前に、何よりもまず、当時の政治的、社会的情勢により課せられた問題であった。すなわち、粛清をめぐる論争、共産党が重要な地位を占めたという事実、スターリン主義に関する暴露、といった背景があったのである。[12] モラルと政治との関係の問題については、すでにG・ルカーチが、一九一九年に刊行された小冊子「戦術と倫理」において、プロレタリアート独裁の進展によって生じた倫理の機能変化の問題、すなわち、プロレタリア独裁を倫理的に正当化することの是非について、論じていた。

ルカーチによれば、マルクス主義の階級闘争理論は、政治とモラルの相克を乗り越えるものである。というのも、「プロレタリアートの階級闘争は、目標設定そのものであると同時に、またその目標の実現でもある」[13]からである。社会主義の最終目標は、現実社会を破壊することによってしか実現されない、という意味では、社会主義の最終目標はユートピア的である。しかし、そうした最終目標は、現実社会を越え出たところにある理念を現実化することであるかぎり、なんらユートピア的ではない。ユートピアは、実現の方法と手段とを自らの体系のなかではっきりと定めることをなしえず、したがってその理想を実現することができない。それに対して、プロレタリアートの階級闘争は、ユートピアを一歩一歩、歴史の論理と照らし合わせながら、絶えず新たに明確にしていく。つまり、当面する社会的現実のなかへ踏みこんでいく。このように、マルクス主義の階級闘争理論は、「理想を欠いた現実政策」でも「現実的な内容をもたぬイデオロギー」[14]でもない。それは、社会的現実と人間的な目標設定との二元論を乗り越えるものなのである。

こうしたルカーチの立場と、サルトルのそれとが類似していることは、明白であろう。というのも、本書の第一部第一章「三　政治的現実主義の時代」において見たように、サルトルは、『倫理学ノート』のなかで、「モラルと歴史のアンチノミーの彼方に、現実的な行動の論理としての具体的モラルがある」(CM. 111) として、抽象的なモラルであるブルジョア的モラルに代わる、具体的モラルである革命のモラルを想定していたからである。革命のモラルの模索は、一九四〇年代から五〇年代にかけて初演された戯曲のなかで、開始され始めている。それらの戯曲（『墓場なき死者』、『汚れた手』、『悪魔と神』）はいずれも、モラルと政治との関係がテーマとなっていた。

サルトルにとって、具体的モラルとは、革命家のモラルのことである。革命（あるいは社会主義）という目的（価値、理想）をもった歴史の主体が、有効な手段によってその目的を達成する、というのが具体的モラルの内容である。革命という目的は、「具体的普遍（universel concret）」とも呼ばれる。それは、われわれが、具体的な道徳的選択に迫られているときに頼ることのできる唯一のものである。普遍を歴史のなかに見出し、歴史において普遍を再び捉え直していかねばならない。それが具体的モラルと呼ばれるものの要諦である。

では、革命という目的は、具体的普遍と呼ばれている以上、抽象的普遍とはどこが違うのであろうか。「汝の隣人を愛せよ」という倫理的規範は、抽象的普遍に訴えるものである。それは、つまりは、最高善という哲学的、宗教的究極原理に訴えるものである。したがって、そのような規範は、現実の状況に左右されない。むしろそれは、現実を超越したところに存在する。それに対して、革命という目的は、現実の状況により軌道修正を受けながら、達成される。つまり、それは、状況内の絶対的（究極的）原理である（強調は筆者）。こうした形における絶対的目的が確立されると、手段はその目的に応じておのずと決まってくる。しかしまた逆に、目的は手段に連動しており、手段によって現実化されるものである。目的は手段に応じて修正されてしかるべきものである。われわれは、硬直した一種の「もの」[15]としての目的に従って、選択するのではない。「ただ選択から出発してのみ、現実は価値をまとう」のである。

一九四〇年六月、フランスは占領者を前にして、自分たちの態度を決定しなければならなかった。そのとき、既存の道徳体系からはなんら得るものがなかった。フランスは自由に選択しなければならなかった。フランスは行動方針の実践的選択によって、価値を規定したのである。ただし、規定された価値を固定してしまうと、たんなる絶対的価値になってしまう。ボーヴォワールによれば、モラルとは、具体的行動それ自身のことである。「モラルとは、構成された価値や原理の総体のことではない。モラルとは、もろもろの価値や原理がそれによって立てられたところの、構成する運動のことである」[16]。モラルとは、あらかじめ存在しているものではなく、新たに作り出されるものである。自分が選んだ目的を実現することにより自己を実現することこそ、本来的モラルによる生き方なのである。社会主義革命であれ、レジスタンス（抵抗運動）であれ、それらは現実的状況のなかで選択された具体的運動である。ここに至り、孤独のなかで自己を選択するモラルであった本来的モラルが、歴史や社会のなかで自分たちを選択するモラルへと、転回することとなった。

結び

サルトルは、孤独な自由のみを自由として考えていたわけではない。むしろ、サルトルの本来性のモラルは、精神の自由と政治的有効性とのあいだの緊張関係のなかで生きる人間を描いている、といえるのではないだろうか[17]。人間存在の両義性を認める本来性のモラルとは、そうしたものでもある。ストア主義（＝自己欺瞞、道徳主義）を克服し、本来性のモラル、さらには具体的モラルへと至る、というのが、一九四〇年代に構想していた倫理学（つまりは『存在と無』の末尾で予告されていた倫理学）の骨子であるということは、本章の以上の考察により、ほぼ明らかになったと思われる。ではいったい、サルトルが唱える本来性のモラルは、その後の思想の発展のなかで、とりわけ『弁証法的理性批判』第一巻（以下、『批判』第一巻と略記する）との関係において、いかなる意味をもつであろうか。

サルトルは、自由に関して、『批判』第一巻のなかで次のようにいっている。「ストア派の人たちが主張するように、人間はいかなる状況においても自由であるとわれわれもいっているとは思わないでほしい」（CRD I. 437）、と。そして、われわれの生活が、実践的＝惰性的分野のなかで営まれているかぎり、われわれは物質的稀少性の支配下にあり、その結果、われわれは奴隷であり、つまりは疎外されているのである。もっとも、『倫理学ノート』の示唆によれば、稀少性がもたらす個人的、社会的疎外は克服されうる、と考えられる。それに対して、事実と価値、対他存在と対自存在、〈世界の‐ただなかに‐おける‐存在〉と〈世界‐内‐存在〉などは、互いに決して一致することはない。それが克服されえない疎外としての「原初的疎外（aliénation primitive）」[18]（CM. 429）である。そこで、諸個人は、原初的疎外をそのまま引き受け、本来的であるためには、自らを、たとえば事実と価値の両方であるものとして肯定し、そのことによって、一方において、事実を自由に従うものと見なし、他方において、自由を事実において必然的に位置づけられたものとして見る必要がある。[19]本来的諸個人は、もはや神（自己原因）になろうとしない。むしろ、本来的諸個人は、「彼らのコントロールのうちにあるもの」[20]を目標とする。つまり、他人が作り上げたものを土台にして、何ものかを作ろうとする。サルトルによれば、「人間は、……他人が彼を作り上げたものによって何を作り出すことに成功するかにより、特徴づけられる」（CRD I. 76）。たとえば、個人の地位や個人の発達は、階級というものによって決められている。サルトルは、『批判』第一巻における最大の課題を、「マルクス主義の内部で人間を取り戻すこと」（CRD I. 71）においた。そこで、物質的稀少性の支配下におかれた人間を解明することが、『批判』第一巻の第一の仕事となった。そして、そうした仕事がとりもなおさず、「倫理学（*éthique*）の第一段階」（CRD I. 244 ——強調はサルトル）なのである。そのとき、本来性のモラルがサルトルの人間理解を背後から支えることになるであろう。ここに、個人的徳としての本来性から、社会的徳としての本来性への移行の可能性が見えてくるのである。[21] この可能性の解明は、われわれに課された今後の課題となるであろう（本書の第二部「第二の倫理学」を参照）。

第三章　相互承認論

序

前章において、一九四〇年代のサルトルの倫理学とは、本来性のモラルのことである、ということを確認したのを受けて、本章では、遺稿である『倫理学ノート』および、生前に公刊されたテクストのうち、『倫理学ノート』と同時期に書かれたテクストのなかに、前期サルトル哲学の集大成である『存在と無』を乗り越えるようなモチーフが存在しているか否かを探ってみたい。それが本章の課題である。

『倫理学ノート』が『存在と無』の末尾で予告されていた倫理学書のための覚書の一部である以上、当然のこととして、『倫理学ノート』には、『存在と無』との連続性を感じさせる表現も多く見られる。『倫理学ノート』には『存在と無』のよく知られた概念の要約が出てくることから、連続性は容易に証明される、といえる。例をいくつか挙げておこう。

まず、「欠如（manque）としての〈対自（pour-soi）〉の自発的運動（非反省的次元における）は、〈即

自 - 対自（En-soi-Pour-soi）〉を求めることである」（CM. 18）という『倫理学ノート』の文章は、『存在と無』の基本的モチーフ、すなわち、人間は欠如分（manquant）を埋め合わせようと努力している現実存在者である以上、そうした欠如分が完全に埋め合わされた状態（＝全体的存在としての自己、つまり価値、すなわち即自 - 対自）を目標としている、というモチーフに通じるものである。また、価値を、「私における私自身の彼方」とする見方、すなわち、「私が私の目的と合流することは可能で望ましいということを指示するものとして私の作用につきまとっているにすぎない」（CM. 262）もの、とする見方は、『存在と無』における価値の定義、すなわち、「価値とは、自己が対自の目標として対自の核心につきまとうかぎりにおいて、この自己である」（EN. 137）の言い換えである。

次に、「私が『存在と無』において証明したように、人間によって、宇宙の諸力は破壊を行なうことができる」（CM. 340 ――強調はサルトル）という『倫理学ノート』の文章は、文字通り『存在と無』第一部第一章「否定の起源」のテーゼを受けたものであるように思われる。そのテーゼによれば、「証人（〈もはや～ない（ne ~ plus）〉という形で過去と現在を比較するひとりの証人）がいなければ、嵐の前にもあとにも、ただ存在があるだけである。……破壊があるためには、まず、人間と存在とのある関係、つまり超越がなければならない」（EN. 43）のである。

さらには、「まなざし（regard）」（CM. 277 - 278）、「くそまじめな精神（esprit de sérieux）」（CM. 263, 287, 332）といった、『存在と無』のなかのよく知られた概念が、『倫理学ノート』には出てくるのである。[1]

一　対他存在と相互承認

では、『存在と無』を乗り越えるモチーフに関してはどうであろうか。『存在と無』第三部「対他(Pour-Autrui)」のなかの第三章「他者との具体的諸関係」において、サルトルは、人間関係は不可避的に相克的である、と述べている。「相克(conflit)は、対他存在(être-pour-autrui)の根源的な意味である」(EN. 431)。そして、相克的な人間関係の例として、愛や欲望や憎しみなどが挙げられ、それらには他人に対する明らかな敵意が含まれている、という事実が解明される。たとえば、「他者に対する第一の態度」の一例としての「愛」は、「相互性(réciprocité)をもたない純粋な自己拘束(engagement)である」(EN. 443)と、説明される。それに対して、『倫理学ノート』においては、「諸々の自由についての、より深い承認(reconnaissance)および相互了解(compréhension réciproque)なしに、愛はない」(CM. 430)と、述べられている。しかも、これは「『存在と無』には欠けている次元である」という。さらには、「私の自由は相互承認(reconnaissance mutuelle)を含んでいる」(CM. 487)ともいっている。

このように、サルトルは、『倫理学ノート』に至り、「相互了解」、「相互承認」といった新たな次元を打ち出してくる。これが『倫理学ノート』に登場してきた、『存在と無』を乗り越えるモチーフの一例である。そして、この「相互承認」という観念のなかには、後期サルトル哲学の代表的著作である『批判』第一巻へとつながっていく契機が含まれているように見える。(2) そこで以下において、「相互承認」という観念を、『倫理学ノート』をとおして検討してみたい。

だがその前に、ここで、『存在と無』の次元を改めて確認しておきたい。『存在と無』においてサルトルは、「他者は原理的に捉えられないものである」（EN. 479）と断言している以上、そこにおいて、「相互承認」は原理的にありえないことのように見える。しかしながら、それにもかかわらず、「われわれ（nous）」という言葉によって言い表わされる〈他者との共存在〉があることは、否定できない事実である。もっとも、「共存在（共同存在 être-avec, Mitsein）」は、「相互承認」ではない。「〈われわれ〉は、対他存在一般を根拠として特別な場合において生じる、ある特殊な経験である」（EN. 486）。そして、この「われわれ」は、まなざしを向けるものとまなざしを向けられるものとの根源的な相克関係を基礎にして、「対象‐われわれ（nous-objet）」と、「主観‐われわれ（nous-sujet）」とに分かれる。

すなわち、一方で、互いにまなざしを向け合っている私と他者とが、第三者の出現によって対象化される、という場合がある。「主人、封建領主、ブルジョア、資本家は、命令を下す権力として現われるばかりでなく、さらに何よりも第三者として、つまり抑圧された共同体の外にいる人、その人にとってこの共同体が存在するところの人、として現われる」（EN. 492 ——強調はサルトル）。このように、この第三者の視線のうちに生じるのが「対象‐われわれ」である。だが、そうした経験はそれ自身のうちに分解の可能性をはらんでいる。というのも、それは恥によって経験されるからであり、また、対自が第三者を前にして自己を主張し、今度は第三者にまなざしを向けるや否や、「われわれ」は崩壊するからである。

他方で、演劇を鑑賞している観客の意識がある。それは、劇場全体が一体となって舞台に釘付けになっているような状態である。そして、そこに現われるのが「主観‐われわれ」である。だが、そうした経験は、「心理学的秩序に属するもので、存在論的秩序に属するものではない」(EN. 496)。また、それは、「他者についての根源的な体験にもとづいて構築されるものであり、二次的、派生的な経験にすぎないであろう」(EN. 500)。

結局、第三者にまなざしを向ける存在としての「主観‐われわれ」であれ、第三者によってまなざしを向けられる存在としての「対象‐われわれ」であれ、「われわれ」が意識個体相互間の関係である以上、そうした関係の本質は、「共存在(共同存在)ではなく、相克である」(EN. 502)。このように、サルトルによれば、まず対他存在があり、それが「共他存在(*être-avec-autrui*)に先立ち、それを基礎づける」(EN. 486 ——強調はサルトル)。

以上のように、サルトルが『存在と無』において取り扱う人間関係は、「他者との具体的な諸関係」と銘打って論じている割には、抽象的である。というのも、サルトルが扱う人間関係は意識(対自)どうしの関係に終始し、さらには、そうした人間関係は心理学的次元において扱われているからである。主人、封建領主、ブルジョア、資本家といった抑圧者たちと、それ以外の被抑圧者たちとのあいだの関係を論じる場合でも、身体的、物質的な支配‐被支配が問題にされているわけではない[3]。意識どうしの関係にとどまるかぎり、被抑圧者たちは、反撃するためには、ただ、主人や封建領主たちに対して私(自分)の主観性を主張し、彼らを対象化するだけである。

ともかく、サルトルにとって、他人(l'autre)はあくまでも一つの外部であり、他人を前にして、私は根源的な失墜を経験させられる。「ひとりの〈他人〉が存在するならば、たとえ彼が何者であれ、彼がどこにいようと、彼と私との関係がいかなるものであれ、彼の存在のたんなる出現によって以外に彼が私に影響を及ぼさなかろうと、私は一つの外部をもち、私は一つの自然をもつ。私の根源的失墜とは、他人の存在である」（EN. 321 ――強調はサルトル）。

要するに、サルトルにとって、私が、他人を、私を対象化する主観と見るか、私が、私自身を、他人を対象化する主観と見るかのどちらかしかなく、二つの見方のいかなる総合もなく、また、いかなる非堕落的、非疎外的対象化もないのである。『存在と無』は、人間どうしの関係を、主観‐客観の関係に制限した。したがって、「われわれは、平等の次元に、つまり、〈他者〉の自由の承認が、〈他者〉によるわれわれの自由の承認を必然的にともなうような次元に、決して具体的に身を置くことができない」（EN. 479）ということになる。このように、『存在と無』において、相互承認は最初から成り立たないのである。

二　相互承認論の成立過程

では次に、『倫理学ノート』において相互承認論が登場してくるまでの過程、すなわち相互承認論の成立過程を検討してみよう。

サルトルは、『倫理学ノート』のための草稿を執筆する直前、すなわち『存在と無』が出版された直後に行なわれた講演、『実存主義はヒューマニズムである』（講演は一九四五年、出版は四六年）のなかで、「私の自由と同時に、他人の自由も望まないではいられなくなる」（EH. 83）場面に言及している。

また、同じ講演のなかで、「私に関してのなんらかの真理を獲得するためには、私は他者を通過しなければならない」(EH. 66-67) とも述べている。すなわち、われわれは、自らの自由を欲することにより、われわれの自由はまったく他人の自由に依存していること、また逆に、他人の自由もわれわれの自由に依存していることを発見する、とサルトルは考え始める。これらの発言は、『存在と無』の基本的モチーフとのずれを示すもの、といえる。というのも、『存在と無』においては、他者を知ることは他者を対象化することにほかならない、と考えられていたからであり、そして、この対象化は他者の自由な主体性に対して疎外を引き起こす、と考えられていたからである。

もっとも、同じ『存在と無』でも、「実存的精神分析」を扱う一節では、少なくとも精神分析において、ある人(=精神分析学者)は、別な人(=被験者)が自覚や自己知を獲得するのを助けることができる、ということが認められている。「精神分析学者によって導かれた被験者は、一つの仮説〔精神分析的仮説〕に同意を与える以上のことをする。すなわち、彼は、自分のあるがままの姿に触れ、それを見るのである」(EN. 662)。さらには、前節で言及した「主観‐われわれ」というモチーフのなかにも、たとえ意識のレヴェルにおいてではあれ、「私」の次元から「われわれ」の次元への移行の萌芽が見られた。たとえば、サルトルは、「〈われわれ〉を〈主観‐われわれ〉に変化させることによって、われわれ全体を、対象状態 (objectivité) から解放する」(EN. 494) と述べている。もちろん、前節で見たように、この「われわれ」は、まなざしを向けるものとまなざしを向けられるものとの相克関係からなる対他存在一般にもとづいて現われてくる、特殊な経験にすぎない。しかしながら、「われわれ」という次元を無視した存在論はありえない、ということをサルトルは深く自覚し始めていたのである。

ところで、自らの自由を欲することをとおして、われわれの自由はまったく他人の自由に依存していること、また逆に、他人の自由も、われわれの自由に依存していることを、われわれは発見する、とする、『実存主義はヒューマニズムである』の主張は、『唯物論と革命』（一九四六年）における、「この自由は、その源泉において、他人の自由の承認であり、またそれは、他人の自由によって承認されることを、要求する」（S III. 216-217）という主張と、類似している。『唯物論と革命』において、サルトルは、「革命的行為はこのうえなく自由な行為である」（S III. 216）と見なし、したがって、「革命的行為がそれ自身のうちに自由の哲学の諸前提を含んでおり、あるいはお望みなら、革命的行為はその存在そのものによって、自由の哲学を作り出している」（S III. 217）と、述べている。結局、そのように考えるサルトルにとって、革命的運動およびそうした運動の企図は、「暴力によって、社会を、自由が疎外されている状態から、自由の相互承認（reconnaissance réciproque）にもとづく別の状態へと移行させること」（S III. 18）なのである。サルトルはそこでは、相互承認を、「連帯性（solidarité）」（S III. 217）よっても置き換えている。

以上のように、第二次世界大戦後、サルトルは明らかに、それまでとは違って、孤独、個人、意識といったレヴェルを越え出る方向に進み始めた。そうした変化の理由を、従来から説明されているように、戦争体験（とりわけ、捕虜体験）からくる、現実社会に対する一種の目覚めに見ることもできようが、本章ではそうした考察には入らずに、もっぱら彼が著したものをとおして、相互承認論の成立過程を辿っていきたい。

さて、サルトルは、「承認」という言葉の意味を、ほとんど明確にしていない。そこで、トマス・

C・アンダーソンの区分に従い、「承認」の意味を三つに分けて考察してみよう。(4)

第一に、「承認」は、私の自由についての私自身の承認は他の自由な主体による承認を必要としている、という意味に理解される。すなわち、ある人を自由な主体として承認するということは、その人を、「もの」ではなく、決定されていない人間存在である、と理解すること、あるいはそのようなものであると気づくことである。そうした人間存在とは、現実を超え、まだ存在していない可能性や目標に向かって、自己自身を投企するものである。また、ある人を自由な主体として承認するということは、その人の行為は自由に選ばれている、すなわち、心理学的力や環境の力の必然的な帰結ではない、ということを理解すること、あるいはそのことに気づくことである。

第二に、「承認」は、奴隷でさえ主人を自由な主体として承認できる、という意味に理解される。すなわち、奴隷は、主人が自由な人間存在であり、現実を超え、まだ存在していない可能性へと向かうものである、ということに気づくことができる。そして奴隷はまた、主人の行為(奴隷を奴隷として扱うこと)は、主人の自由な選択の結果である、ということに気づくことができる。こうした「承認」は、第一の意味での「承認」、すなわち、私の自由についての私自身の承認は他の自由な主体による自由な承認を必要としている、という意味での「承認」とは違うものである。

第三に、「承認」は、他者を価値があるものと見なすことである、という意味に理解される。すなわち、たとえば、抑圧されている人びとが「承認」を要求するとき、彼らは、自分たちが、ある価値や尊厳を有しているものとして扱われることを要求する。この場合の「承認」も、決して第一の意味での「承認」、すなわち、自分たちが自由な人間存在であって「もの」ではない、ということを他者が理解する、あるいはそのことに気づく、という意味での「承認」とは違うものである。

アンダーソンによれば、サルトルにおいては、最後の、すなわち第三の「承認」、つまり価値評価的承認がとりわけ重要である。なぜなら、サルトルにとって、人間存在は、意味や価値をもたらすものであるからである。そもそも、かつてのサルトルにとっては、単独の人間が自己のより高い尊厳を求めて生きることと、実存することとが等価であった。それが今や、私〔個人〕は他者から積極的な価値評価を受けたいと欲すると同時に、私は、他者もまたそうした評価を受けられるように、手助けする。すなわち、価値の相互承認である。これは、諸個人が互いを目的として自由に承認し、価値評価できるような、同等な人間どうしにより作り出される社会である。『実存主義はヒューマニズムである』の表現を使えば、そうした社会において、「私が私の自由を目的とすることができるのは、私が同様に他人の自由を目的とするときのみである」(EH. 83)。これはカントの「目的の国」に近い。そして、そうした「目的の国」的発想が登場してくるのが、ほかならぬ『倫理学ノート』においてである。『倫理学ノート』の第二部〔第二ノート〕で、サルトルは、「真の道徳性(moralité)」とは、「有限で創造的な、革命的政治により、目的の国(règne des fins)を準備する」(CM. 487――強調はサルトル)ものである、と述べている。「目的の国」は、相互承認と並んで、『存在と無』以後にサルトルが構想していた倫理学における重要なモチーフであった。

ところで、この「目的の国」という概念は、前期のサルトル哲学には見られなかったモチーフである。それは、『存在と無』以後に出てきたモチーフであると思われる。ところが、一九四四年に出された、S・ド・ボーヴォワールの『ピリュスとシネアス』には、早くも「目的の国」的発想が見られる。

たとえば、「私は、他人が、私の行為を価値あるものとして認めることを欲する」、「われわれは他人の自由性におんぶしている」、「彼らによって認められるためには、まず、私が彼らを認めなければならない」といった文章が見られる。(5) すなわち、他人が自らのために私の行為を利用するとき、つまり、私自身の目的が他人の自由のための出発点となるとき、他人の自由は、私にとって何ものかでありうるのである。このように、私が他人の自由に呼びかけることができ、かつ、私もそうした呼びかけに応えるための他人をもっている、という二つの条件が満たされれば、「目的の国」は成立するのである。

三　「目的の国」論とカント批判

ここで、「目的の国」論との関連で、サルトルの相互承認論を見ておこう。

さて、サルトルによれば、討論(discussion)において、「共通の同意から自由の相互承認を生み出す」(CM. 217)ということが、暗黙のうちに、私と他者とのあいだにおいて認められている。たとえば、私がジシア(Gischia)(6) の絵の価値を承認するように他者に要求することは、他者が私自身の自由を自由として承認することによって、私の自由が自由となるように、要求することでもある。なぜなら、「私の自由そのものは、……ジシアの絵のなかに、また、ジシアの絵をとおして、目的の国(cité des fins)が実現するように欲した」(CM. 217 ――強調はサルトル)からである。すなわち、私がジシアの作品が評価を受けていることに同意する場合、つまり、私が、その作品はよい、という場合、私は他者をして、したがって討論相手をして、自由に判断し、感じ、私の意見に同意するように促すからである。ところが、それにもかかわらず、他者が同意しないとしよう。そのとき、突然、私は自由の挫折を発見する。他者は、私を決して評価を下す自由としては承認していず、疎外された、迂回させられた自由として承認しているのである。彼は私を事実性（facticité）に差し向ける。そうなると、私としては、私の自由を否認するか、さもなければ、他人の自由を否認するかを、選択しなければならなくなる。しかしながら、私と他者は、討論を継続していけば、いずれ自由の相互承認へと導かれるであろう。

ここでサルトルは、カントに接近する。カントの「目的の国」に共感を示すのである。(7) すなわち、カントの「目的の国」を、「完璧な社会」（CM. 145）と呼び、トロツキーの言葉を借りて、次のように表現している。「手段は目的によってのみ正当化されうる。しかし、同様に目的も正当化されることを必要としている。プロレタリアートの歴史的利害を表現しているマルクス主義的観点からすれば、目的が自然に対する人間の力の増大へ導くとき、そして、人間に対する人間の力の廃棄へ導くとき、目的は正当化される」(8)（CM. 169）。そして、そうした目的を、「絶対的目的（fin absolue）」と呼んでいる。絶対的目的は、社会的敵対関係の消滅を意味し、人間が人間にとって目的となる事態、嘘と暴力が追放される事態を意味する。

このように、サルトルはカントの「目的の国」を高く評価するのであるが、その一方で、カントの定言命法を批判する。「カントが定言命法を公式化するとき、彼は具体的集団を見ないで、人間全体を見ている」(CM. 441 ——強調はサルトル)。サルトルによれば、命法は「もの」のうえに刻印される。すなわち、普遍(義務が普遍になる場合)が世界に刻印されることになる。ところが、サルトルにとっては、道徳性とは、諸々の意識を一つの主観に融解してしまうことではない。道徳性は、「全体分解的全体(totalité détotalisée)の受け入れであり、誰もが認める不平等性〔全体性と単独性とのあいだの〕の内部において、各々の意識をその具体的単独性において(そのカント的普遍性においてではなくて)、具体的目的と見なす決定」(CM. 95)である。

サルトルは、具体的で有限なものとしての現実的人間と、無限なものとしての可能的人間とを区別する。そして、現実的人間は可能的人間の特殊なケースではあるが、にもかかわらず、可能的人間は、現実的人間から派生する、と考える。つまり、サルトルによれば、可能的であること、つまりは普遍的であることは、行動の必然的構造ではあるけれども、実存の深い目的が問題になっているときには、「人間性(humanité)」という有限な系列に属する個人的ドラマに立ち返らなければならない。そもそも、普遍(universel)は、「世界の - ただなか - における - 存在(être-au-milieu-du-monde)」のカテゴリーであって、「世界 - 内 - 存在(être-dans-le-monde)」のカテゴリーではない。換言すれば、普遍化は、在る(être)ものについてしか適用されず、実存(existence)については適用されない。普遍的本質を構成している性質は、所与であり、それは静止しており、永遠性のなかにある。したがって、実存としての「人間は、人間に普遍を適用することはできない」(CM. 75)。

そこで、そのように考えるサルトルは、モラル的要求は何に向かってなされるのか、と問う。そして、それは「抽象的普遍(universel abstrait)」に向かってではない、と答える。もしモラル的要求が抽象的普遍に向かってなされるとすれば、モラル的要求はまったく意味を失い、それ自身が抽象的、形式的なものになる。というのも、具体的、社会的状況は、時々刻々変化しているからである。一九四〇年六月（パリ陥落）に正しいと思われていたことも、十八世紀において正しかったかどうかわからないし、未来において正しいかどうかもわからない。たとえば、一九四〇年当時のフランス人は、対独協力派につくか、それともレジスタンス運動に身を投じるか、といった具体的選択に迫られていた。そのとき、「カント主義は、そうした問題について、われわれに何も教えてくれない」（CM. 14）と、サルトルはいう。

ところで、右のようなカント批判は、『実存主義はヒューマニズムである』においてすでになされている。「カントは、形式的なものと普遍的なものだけでモラルを構成するのに十分である、と考えている。反対に、われわれは、あまりに抽象的な原理は行動を定義するのに失敗する、と考える」（EH. 85）。そして、そうした言葉に見られるサルトルのカントについての見方こそが、サルトルのカント倫理学に対する批判的な立場を端的に表わしているものといえる。もっとも、こうした批判は、本格的なカント批判として展開されているわけではない。したがって、これ以上、サルトルのカント批判を追跡してみてもあまり意味がないかもしれない。むしろ、サルトルが何をいおうとしているのかを解明することの方が、大切であるように思われる。

四　相互承認論と本来性のモラル

サルトルのカント批判はさておき、話を元に戻すなら、『倫理学ノート』において、「目的の国」的発想によって相克や疎外の克服の可能性が模索されているのは確かなことであるけれども、それにもかかわらず、繰り返し、相克や抑圧といったテーマが語られていることもまた事実である。すなわち、「私の主観性の対象化的否定」（CM. 18）としての他人の主観が存在していること、また、抑圧は原罪のようなものであり、「人間は、まず、自分自身に対して他人として現前している」のであり、人間が世界に出現するということは、「疎外による、自由に反する罪である」（CM. 398）ということが、語られる。結局、サルトルによれば、他者による私の対象化は自由の疎外を含んでおり、したがって人は疎外から脱出できない。

「第二ノート」の冒頭は、「どんな〈歴史〉も、人間が脱することのできない原初的疎外（aliénation primitive）によって理解されねばならない」（CM. 429）という文章で始まる。この原初的疎外と呼ばれているものは、何人も避けることのできない疎外のことである。これが前章の「結び」で暗示されていた、克服されえない疎外のことである。たとえば、自己との一致、他者との一致、価値との一致、といったものが不可能である事態を指している。そうした不可能事は、いかなる革命によっても克服できない疎外である、とされる。それに対して、避けられる疎外もある。それは、稀少性およびそれに付随する個人的ないし社会的疎外である。それは、革命によって克服できる疎外である。このように、サルトルにおける疎外概念は、二つに分けて考えた方がよさそうである。[9] そうなると、他者による私の対象化それ自体は、避けられないものとして、むしろ人間の根源的条件の一つとして受け入れることから始めなければならないであろう。

したがって、『倫理学ノート』において、他者の対象になることは必ずしも、かつてのように、他者により堕落させられること、物化されること、奴隷化されることを意味しない。私が他者の対象であるという事実は、私の自由に対する他者の自由の優越性を認めることを意味しない。というのも、本来性のモラルに立つサルトルにとって、本来的人間は、「純粋な反省（réflexion pure）」をとおして、自分が対象であるということを、人間的条件の一つとして受け入れねばならないからである。すなわち、本来的人間は、人間存在の両義性を生きる。つまり、事実（fait）と価値（valeur）、対他存在と対自存在、「世界の‐ただなか‐における‐存在」と「世界‐内‐存在」、をともに生きるからである。『倫理学ノート』に至り、人間存在は、「本来性において、おのれ自身の対象的変化と、運命へのおのれの変形を引き受けることができるし、またそうしなければならない」（CM. 433-434）。

今やサルトルにとって、人びとは互いに他人の対象である、という事実は、なんら問題にならなくなる。そもそも、「私の行為が困難な対象性をもつのは、私の行為が諸意識によって取り上げられるからにほかならない。諸意識は、私の行為を対象にし、また、私の行為との関係で自らを対象にする」（CM. 17）からであった。このように、私と他者との関係を、意識どうしの関係として捉えるかぎり、私と他者との関係は、互いを対象と見なし、相互に排除し合う関係とならざるをえない。そのとき、私と他者は、相手のなかに自由を見ることを拒否する。しかしながら、実際には、私と他者との関係、すなわち人間どうしの関係というものは、意識どうしの関係だけに尽きるものではない。「反対に、他者が私を、〈対象としての存在〉としてと同様に、実存している自由として存在させるなら、また、他者が、私が絶えず乗り越えている偶然性を、自律的かつ主題化された契機として存在させるなら、他者は世界と私自身を豊かにし、他者は私の実存に対して私自身が与えている主観的な意味に加えて、ある意味を与える」（CM. 515 ——強調はサルトル）。このような私と他者相互の豊饒化は、「目的の国」において生じる事態である。「目的の国」において、本来的人間どうしは、互いに意味と価値を承認しかつ与える。

　このようにして、『存在と無』における主観‐客観の対立的図式は、『倫理学ノート』では次第に姿を消し、代わって互いを対象であると同時に自由であるものとして見る立場が出てくるのである。そして、主観‐客観の対立的図式による、『存在と無』の時代の狭量な二者択一は、「回心（conversion）をとおして変化させられる」（CM. 515）。サルトルが、『倫理学ノート』のなかで、『存在と無』では、「諸々の自由についての、より深い承認および相互了解」（CM. 430）が可能であることの理解が欠けていた、ということができたのは、『存在と無』が「回心」以前の記述に終始していたからにほかならない[10]。

　より深い承認にせよ相互了解にせよ、それらは、他の主観を対象化するにすぎない『存在と無』の「まなざし」論と違って、共感的に他者の目標を追求することに専心することによって、他者を自由として捉える。「了解」は、他者の自由や他者の投企と距離を隔てたたんなる受動的静観ではない。むしろ私は、了解するとき、私自身において、他者の行動をその目標の方へと予期する。私は自由に他者の自由な投企に参加し、その目的の方へと向かい、そうすることによって、他者の自由をそれを超越することなしにつかまえる。しかしながら、サルトルによれば、他者によって自由に選ばれた目標を私が共感的に了解する、ということは、ただたんに他者の目標を採用することではない。本来的人間は、寛大な態度で、他者の自由な投企を、その実現を意図することによって、自分自身の投企として了解しつつ採用するのである。したがって、私は、ある意味では他者の自由の道具になるけれども、私は、他者の自由によって超越（対象化）されない。「というのも、私は自由に他者の目的を採用するからである」（CM. 291）。同様に、私が助ける他者は、私によって対象化されない。サルトルによれば、こうした他者の自由への共感的自己拘束は、『存在と無』には欠けていた人間のあいだの一体性（unité）を含んでいる。そうした一体性は、諸個人を超個人的現実へと存在論的に融合することではなく、「ある種の自由の相互侵入」（CM. 302）である。そこにおいて、「各々の自由は全面的に他の自由のなかにある」（CM. 299）。この種の関係は、本来的愛や本来的友情において生じる、とサルトルはいう。

こうして、他者や他人を構成していた他性（altérité）は一体性に取って代わられる。もっとも、存在論的には、他性は常に残っている（CM. 51）。つまり、一体性は、意志や行動の次元にあるのであり、存在の次元にあるのではない。私は、そうした一体性のゆえに、他者の自由を堕落させたり、物化させたりすることなしに、それを自由として了解したり、意志したりすることができるのである。したがって、他者による対象化が起きるとしても、価値下落、抑圧、相克の発生にはつながらない。というのも、そうした対象化は、見知らぬ他者による対象化ではなく、同類としての他者による、私のことを第一に自由な主観として了解する他者による、対象化であるからである。

結　び

以上から手短に結論を述べるなら、第一に、『倫理学ノート』の人間関係論は、『存在と無』に見られる抑圧や相克についてのもっぱら心理学的な発想を乗り越えている、といえる。『倫理学ノート』では、人間を行動のレヴェルで捉えなおしているのである。第二に、『倫理学ノート』の人間関係論は、『存在と無』の主観‐客観の狭い形態を乗り越えている、といえる。本章においてすでに確認したように、サルトルの前期のテクストにおいても、相互主観的な関係の可能性については言及されていた。しかしながら、前期のテクストのなかでは、了解や回心に関する本格的な議論が欠けていた。その点が、前期のサルトル哲学の限界であった。

本章では、相互承認論に焦点を合わせて、遺稿の『倫理学ノート』を検討した。その『倫理学ノート』には、相互承認に関係するモチーフがいくつか出てくる。たとえば、「アポカリプス（黙示状態 Apocalypse）」である。「人間の契機、モラルの契機とは、アポカリプスの契機、つまりは自己自身と他者との相互承認における解放の契機である」（CM. 430）。さらには、人間の契機、モラルの契機として、そのほかに、「祭典（Fête）」、「永久革命（Révolution permanente）」、「高邁（générosité）」、「創造（création）」などが挙げられている。それに対して、人間とは別のもの（Autre）の契機として、「日常的なもの（Quotidien）」、「秩序（Ordre）」、「反復（Répétition）」、「疎外（Aliénation）」が挙げられている（CM. 430）。サルトルにおける相互承認論をさらに発展させるためには、今後これらの概念が分析される必要があるであろうが、ここでは、『倫理学ノート』における「目的の国」論や、相互承認論が、その後のサルトル哲学のなかでどのような発展をみせるかについて、簡単に展望のみを示しておこう。

『弁証法的理性批判』第一巻の主張によれば、集列性（sérialité）の構造をもつ惰性的群衆のなかで、〈差異化〉や〈分業化〉としての〈構造化〉が始まると、最初の集団である「溶融集団」が誕生する。しかしながら、いったん集団が形成されてしまうと、再び惰性的群衆に戻ろうとする力が働く。そこで、それを阻止するために、集団は、人工的惰性としての誓約（serment）を作り出す。誓約は、互いに集団のすべての成員（すべての媒介的第三者）に対して行なわれる。「このようにして、第三者への私の誓約は、その源泉において共同性（*communauté*）の次元を受けており、それは直接的に、また全員をとおして、各人にかかわる」（CRD I. 521 ——強調はサルトル）。そうした誓約は、主観的な決定でなく、たんなる言説による決定でもなく、「私の規制的行動による集団の現実的変様（modification réelle）」（CRD I. 521）である。こうして、「共同的個人としての人間」が、各人のうちで、全員によって（そして自分自身によって）、「新しい存在者として（*comme un nouvel existant*）」（CRD I. 533 ——強調はサルトル）創造される。それは「人間性の起点」（CRD I. 535）であり、そこにおいて、二つの共同的性格の相互的確認がもたらされる。すなわち、一つは、われわれはすべての他者たちをとおして、互いが互いによって、同じ日に泥土から生まれてきたのであるから、われわれは同等者（les mêmes）である、という確認である。もう一つは、われわれの共同の存在は、各人のうちで、同一の本性（nature identique）

ではなく、反対にそれは、制約（conditionnements）の媒介的相互性なのである、という確認である。すなわち、われわれは、他の成員とともに、誓約という創造的行為により、集列性から脱出する行為をとおしてのみ、同胞（frères）なのである。

それゆえ、同胞といっても、誓約集団にいる人びとが、同じ実体や同じ超個体になるわけではない。サルトルはここでも相変わらず、われわれは存在論的に区別された個人である、と主張する。われわれは、われわれを集列（série）から取り除く共通の行為における共犯者として、相互に承認するがゆえに、われわれの存在は共通なのである。換言すれば、われわれが同胞であるのは、本性上の同一性によるのではなく、誓約の創造的行為に従うことによって、われわれはわれわれ自身の息子であり、われわれの共通の創造物なのである。

もっとも、サルトルは、物質的稀少性を前提にした潜在的闘争の状態を考えている。サルトルは、『倫理学ノート』のなかでは、意識どうしの闘争を二次的なものと見なし、それよりも、物質による実践の転倒についての、すなわち実践的惰性態についての研究に着手したのである。後期のサルトルは、社会的事実や社会的価値について思索を展開していくのであるが、その際サルトルは、社会的事実に関して、社会的関係が、『存在と無』における人間（＝意識）相互間の闘争の代わりに、世界が物質的稀少性によって特徴づけられているかぎりにおいてのみ、潜在的闘争の雰囲気から脱却することはできない、ということを主張する。意識の次元から、意志や行動の次元に移ったサルトル哲学は、相互承認に言い及んだのであるが、さらに社会や歴史の次元に移ると、再び、闘争（階級闘争をはじめとする）を問題にしていくのである。

第二部　第二の倫理学（一九六〇年代の倫理学）

第一章　二つの「ローマ講演」——道徳と政治

序

サルトルは、一九六九年の初頭、『サルトルの著作』の編者であるミシェル・コンタとミシェル・リバルカに対して、次のように語った。「私の弁証法的倫理学（éthique dialectique）は、現在では、私の精神のなかで全面的にまとめ上げられており、今では私はもはや執筆という問題しか予想していない[1]」。サルトルは、『存在と無』の末尾での倫理学書の執筆予告にもとづいて、一九四〇年代後半に倫理学的考察を行ない（第一の倫理学）、さらには、一九六〇年代前半に、再び倫理学的考察を行なった（第二の倫理学）。その第二の倫理学を、サルトルは「弁証法的倫理学」と呼んでいる。いったい、第二の倫理学、すなわち弁証法的倫理学とは、いかなる内容をもつものであろうか。また、第二の倫理学は、第一の倫理学といかなる関係にあるのであろうか。そもそも、第一の倫理学は「まったくのまやかしである[2]」（F. 103）として、第一の倫理学の執筆を断念したサルトルにとって、第二の倫理学こそ執筆し、出版するのに値するものであったはずである。

サルトルによれば、もし誰かから、「道徳（morale）を選ぶか政治（politique）を選ぶか、それとも道徳と政治は一体であるのかどうか」と問われれば、一九六〇年代半ばのサルトルなら、「道徳の問題は政治の問題にほかならない」[3]（F. 102）と答える、という。一九六〇年代前半のサルトルは、道徳の問題と政治の問題との関係をめぐって、考察を行なっていた。そしてこのときも、前回（一九四〇年代の後半）と同様に、たくさんのノートを取っていたのである。しかしながら、前回と同様に、それらの草稿は公刊されなかった。第一の倫理学に関しては、『倫理学ノート』（一九八三年）と『真理と実存』（一九八九年）という形で遺稿の一部が公刊されたが、第二の倫理学に関しては、いまだ日の目を見ていない。

さて、第二の倫理学とは、次の三つの草稿を指す。すなわち、ローマのグラムシ研究所で行なわれた「一九六四年のローマ講演」（Conférence de Rome, 1964）、「一九六四年のサルトルの倫理学」（Morale de Sartre de 1964）、そして、一九六五年に行なわれる予定であった「コーネル大学講演」（Conférence à Cornell）の三つである。これらの草稿は、いずれも数人のサルトル研究者によって保管されているにすぎず、いまだに公刊されていない。われわれは、今のところ、それらの草稿の内容について、草稿を保管している研究者たちが書いた論文をとおしてしか知ることができない[4]。もっとも、一九九三年、雑誌『レ・タン・モデルヌ』に、「一九六一年のローマ講演」（Conférence de Rome, 1961）が掲載された。これは、「一九六四年のローマ講演」と同様に、ローマのグラムシ研究所で行なわれたサルトルの講演であり、内容的にも、「一九六四年のローマ講演」に近い、と思われる。そこで、本章では、サルトルの第二の倫理学（弁証法的倫理学）についての研究の手始めとして、「一九六一年のローマ講演」

と「一九六四年のローマ講演」を取り上げ、第二の倫理学（弁証法的倫理学）とはいかなる倫理学であったのかを、第一の倫理学との関係を踏まえながら、考察してみたい。これが本章の課題である。一九六〇年代前半におけるサルトルによる倫理学についての思索は、当然、一九六〇年に出版された『弁証法的理性批判』第一巻（以下、『批判』第一巻と略記する）に基礎を置いていることは、疑いえない。したがって、第二の倫理学についての考察には、『批判』第一巻との関係についての考察も含まれていなければならない。そこで、以下において、まず、第一の倫理学から第二の倫理学への移行過程について、『存在と無』、『倫理学ノート』、『批判』第一巻に言及しながら整理し、次いで、「一九六一年のローマ講演」と「一九六四年のローマ講演」について検討していきたい。

ところで、一九六〇年代前半のサルトルが関心を抱いていた、道徳と政治との関係をめぐる問題については、実はすでに、サルトルの最初の哲学書である『自我の超越』（一九三七年）の末尾で、そうした問題の解明こそが自らの哲学的企図の目標である旨が語られていた。すなわち、「まったく実証的な道徳と政治とを哲学的に基礎づける」（TE. 87）ことが、自らの哲学的な目標である、という自覚が、すでに一九三〇年代の半ばから、サルトルにおいて明瞭な形で存在していたのである。

一　第一の倫理学から第二の倫理学へ

一九四〇年代後半の第一の倫理学に関しては、サルトルの死後、まず、『倫理学ノート』が公刊され、次いで、『真理と実存』が公刊された。もっとも、この二冊をもってしても、サルトルが書き残した草稿の一部にすぎない、といわれている[5]。それでも、その二冊から、ある程度、第一の倫理学の輪郭をつかむことはできる[6]。それに対して、第二の倫理学については、断片的な情報しか得られていない。しかしながら、第一の倫理学を「まったくのまやかしである」として放棄した以上、サルトル自身は、相当の意気込みで第二の倫理学の構築にあたったものと思われる。そもそも、第一の倫理学のなかにもすでに、第二の倫理学につながっていくモチーフが隠されていたかもしれない。そのうえ、第一の倫理学の背後には『存在と無』があり、第二の倫理学の背後には『批判』第一巻がある。そこで、以下において、第一の倫理学から第二の倫理学への発展の過程について、『存在と無』、『倫理学ノート』、『批判』第一巻をめぐって検討してみたい。

さて、「まなざし」論の影がつきまとう『存在と無』の人間関係論は、意識（対自）どうしの関係論の様相を色濃く帯びており、したがって、その次元は心理学的次元に終始していた。それに対して、『倫理学ノート』では、主観であると同時に客観でもある人間（本来性に到達したかぎりでの人間）が扱われ、さらには、抑圧についてのよりいっそう具体的な分析が提示される。というのも、すでに本書の第一部第一章で示したように、『倫理学ノート』のモラル論は、革命家のモラル論であるからである。「今日、モラルは、革命的社会主義的であらねばならない」（CM. 20 ――強調はサルトル）。すなわち、サルトルは、『倫理学ノート』において、たんなる「道徳主義」でもなく、また、行動を有効性のみで判断する「政治的現実主義」でもない、「現実的な行動の論理としての具体的モラル」（CM. 111）を唱えた。この「具体的モラル」が第二の倫理学につながっていく可能性は高い、と思われる。

もっとも、少なくともある時期まで、サルトルは政治的現実主義に立っていたようである。そして、政治的現実主義に徹するのであれば、道徳は問題にすらならなくなる。政治的現実主義といえば、『批判』第一巻に引き続き刊行されるはずであった『批判』第二巻（公刊は一九八五年）の大部分は、スターリンをとおしてのソヴィエト連邦についての詳細な研究であるが、そこにおいてサルトルは、ソヴィエト連邦の社会主義における道徳性や、スターリンや共産党の道徳性について、判断を停止しているように見える。たしかに、『スターリンの亡霊』（一九五六―五七年）においてサルトルは、ハンガリーを抑圧したソヴィエト連邦を非難しているし、スターリンによる独裁の起源や個人崇拝の意味を解明してみせてくれてはいるが、『批判』第二巻では、そうしたこととは別なことが扱われている。すなわち、社会が個人の権力や役割を決定する、という主張で一貫しているように見える。「スターリンは共同的個人であるかぎり、たんなる人格ではない。彼は自分の実践的主権を、あらゆる惰性的構造から、また、各指導的下位集団の（そして各個人の）あらゆる合意から引き出す、人間ピラミッドである」（CRD II. 209 ――強調はサルトル）。サルトルが問題にするのは、スターリン個人の資質ではなく、集団における彼の立場である。このように、ある時期（六〇年代半ばくらい）までのサルトルは、道徳の問題をいったん背景に退かせておいて、政治的現実主義の立場を邁進していたように思える。しかしながらそれと並行して、サルトルは、この時期に、『批判』第一巻の存在論的基礎から出発して、倫理学的考察を再開していたのである。

次に、『批判』第一巻の基本的な立場を、第二の倫理学との関係で整理しておこう。『存在と無』において、人間存在は、純粋な自発性として定義されていたのに対して、『批判』第一巻において、人間存在は、まったく物質的な有機体として、欲求（besoin）をもった有機的全体性として、定義される。すなわち、欲求とは、「人間という物質的存在と、人間をその一部として含む物質的総体とのあいだの、第一の全体化的関係」（CRD I. 194）であり、「欲求をもった人間とは、外面性の環境において自らを絶えず自分自身の道具とする有機的全体性のことである」（CRD I. 195-196）と、定義される。つまり、欲求をもった人間は、たとえば食欲を満たすという原初的な行為において、咀嚼、唾液の分泌、胃の収縮といった、食物摂取の基本的な運動を繰り返すにすぎない。そうした運動は、われわれの自由な決定の与り知らぬものである。したがって、サルトルによれば、人間は「全面的に物質」（CRD I. 290）である、ということになる。もしそうでないならば、どうしてわれわれは物質に対して働きかけることができるのであろうか。では、われわれの思考は、物質のたんなる受動的結果、あるいは随伴現象なのであろうか。

だが、サルトルは同時に、次のように問いかける。「もしも人間が全体的乗り越えのなかでおのれの条件を生きる一つの特殊な存在者でなかったなら、どうして物質的世界が在りえようか」（CRD I. 290-291 ――強調はサルトル）。すなわち、もしも人間がいなくなったなら、どんな自然現象も意味をもたない。とはいっても、ここで意識と物質の二元論が問題なのではない。問題は、「意味づけ（*significations*）の厳密な一つの連鎖」（CRD I. 291 ――強調はサルトル）である。物質はわれわれに対して、われわれにおいて、意味をもつ（強調は筆者）。換言すれば、人間のための、人間による世界は、人間的であるほかないのである。とはいっても、そうした意味づけは、あくまでも暫定的なものである。というのも、人間の周りには物質が存在しているから。すなわち、われわれの生命に対する脅威としての、われわれの労働に対する抵抗としての、われわれの認識に対する限界としての、また、すでに開示されているか可能性に留まっている道具性としての、物質的実在が、存在しているからである。

結局、『批判』第一巻のサルトルは、自らの立場を、人間的世界から出発しつつも人間を物質的世界のなかに状況づける「物質性の一元論（monisme de la matérialité）」（CRD I. 291）と、規定する。したがって、サルトルが語る人間とは、物質的世界のなかに状況づけられつつも、実践（praxis）をつうじて少しずつ物質的世界を開示する人間のことである。こうして、『存在と無』において使われた「投企（projet）」に代わって「実践」が登場してくるのである。

ところで、こうした人間（人間的有機体）と物質的世界との関係は弁証法的である、とする点で、サルトルはマルクスと一致する。というのも、サルトルによれば、マルクスがその探究の中心に据えた具体的人間とは、「その欲求によって、その実存の物質的条件によってと同時に、その労働の性質、すなわち諸事物やもろもろの人間に対するその闘争の性質によって、自らを規定する」（CRD I. 26）人間であるからである。こうしてサルトルは、人間と物質的世界との相互作用や因果関係を問題にする。「個人は社会的環境によって条件づけられ、また、社会環境を条件づけるために、それに自らを振り向ける」（CRD I. 62）。結局、こうした物質や人間相互に作用している無数の人間的実践が、弁証法の源泉であり、『批判』第一巻の目的は、そうした人間的実践を明らかにすること、つまり、人間が歴史の主体であることを、明らかにすることである。そしてそれがとりもなおさず、第二の倫理学のモチーフなのである。

二　「一九六一年のローマ講演」（1）

「一九六一年のローマ講演」は、本章の「序」において触れたように、一九九三年に雑誌『レ・タン・モデルヌ』に掲載された。そのことにより、同「講演」は、第二の倫理学に関する文献としては、唯一日の目を見ることとなったものである。「一九六一年のローマ講演」は、一九六一年の十二月に、サルトルがローマのグラムシ研究所で行なった「マルクス主義と主観性（Marxisme et subjectivité）」と題する講演の草稿であり、第二の倫理学の序論的意味合いをもつものといえる。

そこで、以下において、第二の倫理学の解明の手始めとして、「一九六一年のローマ講演」の読解を試みたい。

サルトルはこの講演の冒頭で、自らの関心が「マルクス主義哲学の枠のなかにおける主観性の問題」(7)にある旨を明言している。そしてサルトルは、ルカーチを、主観性を蔑ろにしているマルクス主義的哲学者の例として挙げ、その哲学を「観念論的弁証法（dialectique idéaliste）」と名づけ、批判する。もっとも、サルトルによれば、主観性を蔑ろにするような側面は、マルクス自身のテクストのなかにも存在する。たとえば、『聖家族』において、マルクスは、「あるプロレタリアートが、まして全プロレタリアートが、さしあたり何を目的と思っていようと、どうでもよい。重要なことはただ、プロレタリアートが何であるのか、またプロレタリアートはその存在に応じて歴史的に何をせざるをえないのか、ということである」(8)（強調はマルクス）（Rome 61.12）と、述べている。つまり、サルトルの解釈によれば、マルクスは、主観的なものを表象の側に投げ返しているのである。というのも、マルクスは人間社会の深い現実を、プロレタリアートがブルジョアジーを根絶するための主導者になることを余儀なくさせられている過程と混同してしまっているからである。

さらに、『資本論』になると、主観的なものは表象としての意味すら有していない、と読者に思わせるようになる。「価値としての、そのかぎりでの労働の産物は、そうした産物を生産するために費やされた人間の労働の純然たる表現である、という発見は、人類の発展の歴史において時代を画するものである。だがしかし、そうした発見は、労働の社会的性格を事物の性格、産物そのものの性格のように思わせる幻影を、決して消し去りはしない。……実に多様な労働の社会的性格は、そうした労働の人間の労働としての同等性からなっており、また、そうした特有の社会的性格は、労働の産物の価値という客観的形態をとっている(9)」(Rome 61. 12)。

こうして、マルクスのテクストをとおして、ルカーチはまったく客観的な階級意識の理論を提出することとなる。すなわち、ある階級が重要な生産過程に直接属しているか否かによって、階級意識の高まりの度合い、明瞭さの度合い、曖昧さの度合い、矛盾の度合い、発揮の度合いが、違ってくる、と考えた。たとえば、プチブルジョアにおいて、階級意識は客観的に見て曖昧なままであり、階級意識は真の階級意識になっていない。それに対して、プロレタリアートは、生産過程の最も深いところに組み込まれているので、自分の労働という客観的現実によって、完全なる階級的自覚へと導かれる。こうした考え方は、サルトルによれば、「客観主義を推し進めるあまりあらゆる主観性を破棄するに至り、それによって、われわれを観念論に陥らせるに至る」弁証法的観念論(idéalisme dialectique)(10)である（Rome 61.13）。

ところで、サルトルによれば、マルクス自身はこうした汎客観主義（panobjectivisme）を目指していたわけではない。たとえば、『経済学批判への序説』において、マルクスは次のように書いている。「あらゆる歴史科学・社会科学一般においてと同様に、経済学的カテゴリーの進展に関して、次のことを忘れてはならない。すなわち、主観が、ここでは近代市民社会が、現実界においても頭のなかにおいても与えられている、ということ、したがって、カテゴリーはこの特定の社会の、すなわちこの主観の、特定の存在形式、つまり特定の存在条件を、しばしば個々の面を、表現しているということ、その結果、そうした社会は、科学的観点からしても、そうした社会それ自体が問題となるような時点から出発してのみ存在し始めるのでは少しもない、ということを忘れてはならない(11)」（Rome 61.14）。

結局、マルクスは、生産の弁証法の総体をわれわれが理解しようとするなら、第一に、生産の基底に立ち戻らねばならない、ということを忘れてはならない、といっているのである。その基底とは、人間のことである。そして、人間とは、欲求（besoin）をもち、欲求を満たすために労働（travail）により生産し、そこから帰結する経済的過程に従って、多かれ少なかれ完全な享受（jouissance）に至るものである。

サルトルによれば、欲求、労働、享受の三つによって、現実的人間と現実的社会やその周りの物質的存在との総合的な関係が作り出されるのであり、さらには人間どうしの媒介された関係が作り出されるのである。すなわち、人間は自分ではあらぬ何ものかを欲求し、そのために労働により道具（手段）を獲得し、そうした道具（手段）によって欲求を満たす、すなわち自分ではあらぬ何ものかを享受する。このように、人間は超越的存在と関係づけられ、労働を介して超越的存在を自らに組み入れる。そのとき、人間は、「実践的な生物学的有機体（organisme biologique pratique）」であると同時に、その主観性のゆえに、人間は、「精神身体的統一性（unité psychosomatique）」でもある。というのも、労働が道具（手段）の助けによって果たされるかぎり、労働はある目的に向かって状況を実践的に乗り越える統一性を要求するからである。その際、認識が含まれている、というわけである。具体的には、目的と手段についての認識、素材の本性についての認識などが存在するのであり、資本主義社会においては、個人が働いている工場についての認識、工場の規範についての認識が存在するのである。

こうして、サルトルは、主観性を問題にする際に忘れてはならないこととして、「ある種の内的行動（un certain type d'action interne）」、「内面性の体系（système en intériorité）」の理解を挙げる（Rome 61. 11, 16）。このかぎりでの主観性は、『存在と無』の用語法でいう志向性としての意識（conscience＝何ものかについての意識）、対象を措定する意識、つまりは認識（connaissance）と同じ意味で使われている、と解釈できるように思われる。

もっとも、われわれの有機的身分を内面性の体系として定義するとしても、われわれは同時に、非有機的身分（外面性）としても定義される。すなわち、われわれは、生物学的総体として定義されると同時に、物理‐化学的総体としても定義されうるのである。そして、外面性は内面性の法則によって規定される。欲求、労働、享受の三つの項からなる弁証法は、有機体による外面的なものの内面化を記述することとなる。この場合、外面性には二つある。すなわち、「内部の外面性（extériorité du dedans）」、「此方の外面性（extériorité d'en deçà）」、「手前の外面性（extériorité d'avant）」と呼ばれる、有機的身分規定の下方にある外面性、死がわれわれに差し向ける外面性と、「彼方の外面性（extériorité d'au-delà）」と呼ばれる、有機体が、労働の対象としての、欲求および充足の手段としての自分に相対している、ということに気がつくときの外面性があり、そうした二つの外面性を媒介するものが内面性なのである（Rome 61. 17）。

ここでの二つの外面性を、再び『存在と無』の用語法で解釈するなら、前者は「事実性（facticité）」、「即自（en-soi）」といったものに該当し、後者は、「価値（valeur）」、「自己（soi）」に該当するように思われる。いずれにせよ、外面性は、反省的、措定的意識の対象であり、それに対して、内面性は、非反省的、非措定的な自己意識のことであろう。こうした第一次的な、非反省的な意識（内面性）があるから、第二次的な、反省的な意識（外面性）が存在しうるのである。サルトルによれば、内面性それ自身は媒介されないものであり、一方、そうした内面性という媒介の水準においてわれわれは純粋な主観性と出会うのである。こうした主観性という媒介の観念は、欲求、労働、享受といった概念とともにマルクス主義のなかにある、とサルトルは主張する。ところが、ルカーチのような観念論的客観主義者たち（objectivistes idéalistes）は、媒介の観念を正しく評価していない、と述べる。

そこでサルトルは、次のような問いを立てる。「なぜそれ自身にとって直接的なものであるそうした媒介が、非 - 知をその個別的特徴として含んでいるのか」、言い換えれば、「行動であると同時に認識でもある実践における人間が、なぜ、……同時に、主観性、すなわち自己自身についての非 - 認識とわれわれが呼んでいる次元にいなければならないのか」（Rome 61. 18）。つまり、主観性が非 - 知、非 - 認識であるとするなら、すなわち、反省的意識ではありえないものであるとするならば、われわれはいかにして主観性が存在している、と主張することができるであろうか。こうした問いかけに対して、サルトルはさまざまな例でもって答える。

たとえば、ある労働者がとらわれている二種類の反ユダヤ主義が例として出される。ある労働者が次のように語った。「私が反ユダヤ主義者だって。私は反ユダヤ主義者ではない。私はただ、ユダヤ人たちがある欠点（人を堕落させる、という欠点）をもっている、と思っているだけだ」、と。この労働者は、自分自身を反ユダヤ主義者と認めていないかぎりにおいて、自分自身が知っているつもりのユダヤ人の性格をわれわれに示す。その後、何年かして、彼は、あるユダヤ人に次のように語る。「聞いてくれ、私はなぜ自分が当時君を好きでなかったのかがわかった。それは君がユダヤ人だからだ。……私が君のなかに嫌っているものは、ユダヤ人である、ということであることに気づく。なぜなら私は反ユダヤ主義者であるから」（Rome 61. 19）、と。

この労働者の最初の態度は、一般的な態度である。それに対して、二つ目の態度は、個別的な態度である。二つの態度の違いには、三たび『存在と無』の用語法で解釈するならば、非反省的意識から反省的意識への移行といったものがあるように思われる。実際、サルトルもここで、反省的意識という用語を使っている。しかしながら、非反省的意識という用語は使っていない。すなわち、二つ目の態度に関して、「反ユダヤ主義は、一挙に対象の資格で、目の前に、実際に反省している人の反省の前に移行する」（Rome 61. 19-20）という表現を使うとしても、一つ目の態度に関して、〈非反省〉という表現は使われていない。しかしながら、サルトルの存在論からすれば、反省的意識に移行する以前の意識は、非反省的意識であることが前提となっている、といってよいであろう。

そうした非反省的意識は、すなわち対自である。そして対自であるかぎり、常に自己欺瞞に陥る可能性がある。一つ目の態度も例外ではない。すなわち、一つ目の態度において、当人は実は自分が反ユダヤ主義者であることを非措定的にではあれ知っている。だからこそ反省的意識に移行すると、すなわち自分を対象として認識するとき、自分が反ユダヤ主義者であることを認めるのである。このように、ユダヤ人という対象については措定的で、自己については非措定的である非反省的意識の段階での反ユダヤ主義、すなわち主観性としての反ユダヤ主義から、自己について措定的な反省的意識の段階での反ユダヤ主義、すなわち自己を反ユダヤ主義者的対象として捉える反ユダヤ主義への移行が存在する、と解釈することができるであろう。つまり、反省的意識が出現することによって、すなわち、対象としての主観性が出現することによって、主観が変更される。こうして、自己自身についての非‐知、非‐認識である主観性が、反省的意識の段階に至り、自覚的になる。

結局、サルトルの結論は次のようになる。すなわち、「内面化の体系としての主観性は、われわれがそれを捉えるある水準においては、それ自身についてのいかなる認識も前提にしていない。……意識が介在してくるや否や、主観性は客観性になる。完全に反ユダヤ主義者となるためには、自分がそうであることを知る必要はない」(Rome 61. 27)。

三　「一九六一年のローマ講演」(2)

別の例として、サルトルはスタンダールの『赤と黒』を持ち出す。レナール夫人はジュリアンに身を捧げるが、彼女はそれが愛であるということを理解していない。決してそれを愛と見なそうとはしない。彼女は端的にジュリアンに対する感情を生きたのである。だが、他人が彼女に、「それが愛です」といったなら、彼女はジュリアンとの関係に終止符を打つ。結局、「レナール夫人は、それをそうと名づける前に、愛の態度をとった」(Rome 61. 22)。ここでもサルトルは、「非 - 知、換言すれば、媒介の内部における直接的なもの」を問題にする。

ところで、サルトルが問題にしている非 - 知、すなわち認識の対象とはならない主観性は、社会的レヴェルにおいて、いったいどのようなものとして捉えられるであろうか。それは、サルトルによれば、「労働や実践の結果において、状況への反応として」捉えることができる、という。すなわち、「もし主観性が私に発見されうるとするならば、それは状況が一般に要求することと、私が状況に示す反応とのあいだに存在している差異に起因する」(Rome 61. 23)。端的にいって、サルトルにとって、主観性とは状況に対するわれわれの反応のことである。結局、「主観性が定義上、意識の水準においてさえ非 - 知であるのは、個人が、あるいは有機体がその存在を存在しなければならないからである」(Rome 61. 26)。

もう一つ別の例は、サルトルが創刊した雑誌『レ・タン・モデルヌ』の雑誌名がまだ決まらず、雑誌名を探していたとき、サルトルの友人のミシェル・レリス[12]が、「騒動(Le Grabuge)」という雑誌名を提唱した、というエピソードである。サルトルによれば、レリスが「騒動」という雑誌名を提唱した理由を、二つの次元から考えることができる。一つは、彼が元シュルレアリストであったからである（過去の次元）。というのも、シュルレアリストは「騒動」を事とする人たちだからである。「最も単純なシュルレアリスト的行為は、ブルトンがいうように、騒動である」（Rome 61. 29）。ピストルを取り出して誰でもいいから撃つ。あるいは、レリスは、一九二〇年に、「ドイツ万歳、フランスを倒せ！」と叫んで、殴られた。それは大騒ぎの行為であるが、同様に、それは厳密には個人的な行為でもある。それは、他人を破壊すると同時に自分を破壊する行為である。いずれにせよレリスには、かつてシュルレアリストであったことに対する郷愁があるがゆえに、彼はそうした行為を反復したのである。「騒動」という雑誌名を提案したのも、反復の行為なのである。すなわち、反復的で、そのかぎりでは無自覚的行動、先立つ条件に反応する再内面化された行動、なのである。

もう一つ、レリスが「騒動」という雑誌名を提唱したことには理由がある。それは彼がプチブルジョアであるから、つまり、彼はブルジョアジー階級に属しているからである（現在の次元）。ブルジョアジーは大騒ぎをして、できるだけ自分のブルジョアジーという現実を傷つけようとする。たとえば、「ドイツ万歳、フランスを倒せ！」といってみたりすることは、ソヴィエト革命（ロシア革命）からそれほど時間が経過していない一九二〇年の後半においては、すべての左翼政党にとって意味があった。すなわち、騒動こそが知識人が採るべき最上の戦略であったように見えた。レリスはそうした戦略にしがみついているのである。だが、一九四五年には、そうした戦略はもはや有効ではない。社会問題、国際問題は様変わりし、たんなる大騒ぎよりも、分析、研究、討議の方が、ブルジョアジーに対抗するためには有効である。そうした時代認識のずれのなかに、レリスの主観性がある。結局、ブルジョアジーを拒否しつつも、ブルジョアジーから離れることができない、という彼の階級存在が彼の存在を構成している。彼は、他人のなかでブルジョアジーを破壊するという、自己破壊的な暴力の行為を試みる。レリスは、このように、二つの次元を絶えず主観性において再全体化しなければならない。二つの次元を反省する(対象として認識する)ことなく再全体化しなければならないのである。

レリスの主観性は、二つの次元の再全体化として捉えられる。サルトルはこれを「反復の存在(être de répétition)」と「案出の存在(être d'invention)」として表現している。そして「この二つは切り離せない」(Rome 61. 34)、という。まず反復の方であるが、レリスは、どんな状況にあっても、シュルレアリストの行動パターンを繰り返してきた。雑誌のタイトルとして「騒動」を提案したのは、かつてシュルレアリストとして意図的に騒動を起こしていた時期の記憶が呼び覚まされた結果にすぎない。「彼の過去は全面的にそこにある、ただし非‐知、非‐意識の仕方で、必然的な再統合の形で」(Rome 61. 33)。彼は今後も同じ行動を繰り返す(反復する)のである。レリスの主観性とは、第一に過去の記憶の再全体化としての反復のことである。レリスは絶えず新しい状況に応じて過去を反復する。他方で、彼は、新しい状況に応じて、案出によって自らの階級存在を投企する。「ドイツ万歳」と叫んで殴られるのも、「騒動」という雑誌名を提案するのも案出である。それは新しい状況に対する新たな案出(発明、思いつき)である。もっとも、それは明瞭な意識に裏打ちされたものではない。やはりそれも非‐知の仕方でなされたものである。結局、レリスが提案した「騒動」というタイトルは、「反復であると同時に案出でもある」(Rome 61. 34)。

ところで、こうした主観性は決してたんなる内面性ではない。それは「投影(projection)」と呼ばれる。「主観性の核心は外部でのみ、それ自身の案出においてのみ自己を認識することであり、決して内部でそうすることではない」(Rome 61. 34)。もし主観性が内部で自己を認識するなら、主観性は死ぬ。主観性は外部で自己を認識する。ちょうど、投影テスト(ロールシャッハ・テスト)のようなものである。投影テストが意味をもつのは、われわれがインクの汚点に何かを投影するときのみである。インクの汚点が男の姿に見えようと、キャベツの葉に見えようと、そこに投影としての主観性を見なければいけない。こうした投影テストの比喩の意味を理解することが、「主観性はいかなる点で社会的なものの弁証法的認識にとって欠くべからざるものであるか、ということを理解する可能性を、われわれに与えてくれる」(Rome 61. 35)ことにつながる。

そのように語るサルトルにとって、存在するものは「人間たち(hommes)」だけである。人間たちが階級存在といった外面性の形態を互いのあいだで媒介しているのである。人間たちは絶えず階級存在の特異化(singularisation)を生み出す。そして特異化は、特異的普遍(universel singulier)、あるいは普遍的特異化(singularisation universelle)である。すなわち、歴史によって動かされた何ものか、歴史の欠くべからざる構造である。これが『批判』第一巻においてサルトルが実践的-惰性態(pratico-inerte)、準-全体性(quasi-totalité)と呼んでいるものである。準-全体性においては、物質が個人を凌駕している。機械が労働者を決定づけている。労働者の地位は、機械の惰性的要求の形式の下にある。機械が労働者の給料、病気(職業病)、子供の数を決定する。しかし、「具体的、社会的現実は、そうした機械ではなく、機械を使って働き、賃金の支払いを受け、結婚し、子供をもつ、といった個人である」(Rome 61. 36)。すなわち、個人は、労働者あるいはブルジョアジーというおのれの社会的存在を、主観的な仕方で存在しなければならない。

ルカーチは、階級意識を明瞭にもっているかどうか、ということを問題にした。すなわち、ブルジョアジーにおいて階級意識は曖昧であるのに対して、プロレタリアートは完全なる階級意識へと導かれる。では、熟練工（専門労働者）は非熟練工（一般工）と比べて、不必要な人間なのだろうか。そうではない。熟練工が自分たちの力、勇気、価値を意識していたからこそ、また、彼らが労働組合を作り、闘争の特殊な形態を創設したからこそ、非熟練工が出現したとき、別な闘争形態が現われたのである。こうしてサルトルは次のように結論を下す。「闘争の流れにおいて、客観的契機の内部における存在の仕方としての主観的契機は、社会的生および歴史的過程の弁証法的発展にとって、絶対的に不可欠のものである」（Rome 61. 39）。

四　「一九六四年のローマ講演」（1）

一九六一年に続いて、サルトルは、一九六四年にも（一九六四年五月二十三日）、同じローマのグラムシ研究所で講演を行なった。講演はイタリア共産党の企画による「倫理と社会（Ethique et société）」と題されたシンポジウムのなかで行なわれたものである。すでに、本章の「序」において言及したように、その講演のためにサルトルが書いた草稿は、いまだ公刊されていない。そこで本章では、草稿を「三分の二に縮めた要約」[13]である、R・ストーンとE・ボーマンの論文、「弁証法的倫理学――〈一九六四年のローマ講演ノート〉初見」および、トマス・C・アンダーソンの『サルトルの二つの倫理学』を使って、「一九六四年のローマ講演」の分析を行なってみたい。[14] ところでこの「一九六四年のローマ講演」は、R・ストーンたちによれば、一連の「弁証法的倫理学」のなかでは「一番完成度が高い」(Rome 64. 10) ものであり、また、ボーヴォワールによれば、「サルトル倫理学の頂点(culmination)」とされるものである。[15] では、以下において、その内容を見てみよう。

第一節(タイトルは「問題」)の冒頭で、サルトルは、「社会主義にとって、いよいよその倫理的構造を再発見する歴史的瞬間、あるいはむしろ、社会主義からそのヴェールを取り除く歴史的瞬間がやってきた」[16] (Rome 64. 11) と、語っている。サルトルによれば、十九世紀中葉の前‐マルクス主義的社会主義は、倫理学として現われた。しかしながら、そこには社会の物質的基盤や社会構造についての厳密な科学的認識が欠けていた。その結果、その倫理学は抽象的で、内容が空疎であり、観念論的なものにすぎなかった。ところが、一八四八年の蜂起が失敗したあと、革命勢力は人間本性についての思弁を放棄して、社会についての具体的な科学的知識の確立に努めた。そうした努力は、歴史の原動力は階級闘争である、とするマルクスの思想において結実した。それ以後、社会主義を達成するための個別的計画の有効性が重要な問題となり(社会主義的倫理)、道徳はもはや重要な問題とはならなくなった。一九一七年のロシア革命以降、世界の革命勢力は、ソヴィエト連邦という社会主義の個別的具体化を擁護するために、結集させられた。そして、スターリン主義の時代には、いかなる革命家も、ソヴィエト連邦の政策に対して批判的であることはできなかった。それは、社会主義へと向かう歴史の運動が弱まることを恐れてのことであった。

一方、ソヴィエト連邦自体は、工業化を急ぎ、生産性を高めることによって、革命を確かなものとしなければならない、という義務を負っていた。そこでは、新しい生産関係が新しい種類の人間存在を生み出す、つまり新しい人間存在や人間社会が、社会の経済的土台の必然的産物となる。サルトルによれば、そうした考え方が、「道徳に休暇をとらせる」[17]（Rome 64. 11）という発想につながっていくのである。そうした発想に立つかぎり、ソヴィエト連邦が採った政策について道徳的観点から評価を下すことは、許されなかった。しかしながら、スターリンが死に、ソヴィエト連邦の急速な工業化が終わったあとの第二十回党大会において、道徳性（morality）が復活させられた。その結果、ソヴィエト連邦のさまざまな政策や実践は、たんに戦略的、戦術的に間違っていたとして非難されたのではなく、道徳的に間違っていた、として非難された。サルトルによれば、倫理的なものが復活した理由は、スターリン主義のような独裁に再び戻ることを阻止するためである。

そこで、講演の第一節では、弁証法的法則に従って構成される社会において、倫理的なものの有効性を復活させる際に起こる困難さが問題にされる。たとえば、スターリン主義的社会と資本主義的社会を一括して社会主義的倫理（社会主義的規範）の名の下に批判する、という場合がある。ところが、どんな倫理でも、それが拠り所としている社会の基礎的な構造によって、とりわけ社会の生産関係によって、弁証法的に条件づけられている。したがって、ある社会の下部構造の結果である、ある道徳的コードによって、異なった下部構造の結果である異なった道徳的コードを批判することが可能であろうか。といっても、抽象的で普遍的な倫理をここで問題にしているのではない。しかしながらまた、個別的社会にしか適用できない、特殊な倫理を問題にしているのでもない。倫理は、たんにある社会における人びとの行動を表現しているだけの特殊な歴史的事実ではない。

そこで、サルトルは、第二節（タイトルは「道徳の経験」）へと話を進める。トマス・C・アンダーソンによれば、スターリン時代のソヴィエト連邦は、観念論的倫理から脱して、道徳と無関係なプラグマティックな関係に向かう社会主義的倫理へと発展したのだが、そうした発展の過程は、サルトルが辿った過程と酷似している。すなわち、サルトルにも、観念論的倫理から脱して、道徳と無関係な政治的現実主義へと向かった時期があった。サルトルは、この講演（「一九六四年のローマ講演」）の時期には、道徳と無関係な政治的現実主義の立場から脱却しつつあった。今やサルトルは、スターリン主義的独裁を道徳的に批判する人びとと同じ立場に立っているのである。こうして、第二節において、サルトルは、日常の道徳的経験（制度、習慣、価値、要するに規範の領域）の現象学を展開し、そうした経験の存在論的構造を記述しようと試みる。

サルトルによれば、そうした経験は規範的性格をもっている。そして規範は、状況がどうであれ、従うことを人びとに要求する。そのことは、人びとが、自分の未来の行動を決めるための、外的要因の支配から逃れている自分の未来を決定するための「内的力（inner power）」[18]、あるいは「内面性の主体（sujet d'intériorité）」（Rome 64. 12）を有している、ということを意味する。トマス・C・アンダーソンによれば、サルトルの立場は、「無条件的なものとしての、すなわち、状況がどうであれ従うことを要求するものとしての道徳的規範の経験は、人間的自由の経験である」[19]、というものである。では、この場合の「人間的自由」とはどのような意味であろうか。

実は、サルトルに従えば、道徳的規範は、命令的構造に加えて、規範にとっては特殊なものである内容や事実的性格をも有している。たとえば、「嘘をつくなかれ」という命令に関して、そうした命令は、規範的構造の一般性における特殊化や制限である。つまり、そうした命令は、それが下される社会の構造によって条件づけられている。すなわち、レジスタンスの時代と平和な時代とでは、「嘘をつくなかれ」という命令の内容は違ってくる。それにもかかわらず、サルトルによれば、道徳的規範は無条件的な性格を有している、という。われわれはみな、嘘をついてはいけない、と思っている。だが同時に、われわれの大半は、嘘をついている。嘘をつかない可能性を残しておくために、すなわち、本当のことをいうことができるために、われわれは「嘘をつくなかれ」という規範を保持している（Rome 64. 11）。規範とは、人間の自由にとっての選択の可能性のことなのである。道徳的規範は、未来においてそうした命令に従うように人に強いる。結局、サルトルにとって、いかなる条件の下においても絶対的に従わねばならないものとしての規範に従うことは、時と場合によっては従わなくてもいいにもかかわらず（レジスタンスの闘士にとっては、拷問に耐え、知らないふりをすること、すなわち嘘をつくことが仲間を救うことである）、従うことを自ら選択する、という人間的自由の可能性の経験なのである。

次に例として、サルトルは、サリドマイドの使用により奇形児を産んだベルギーの工業都市・リエージュの母親たちが、自分たちの子供（嬰児）を殺した事件をめぐって展開された、当時の論争を持ち出してくる。つまり、リエージュの母親たちの行為を道徳的に見てどう判断すべきかについて、サルトルは議論する。サルトルによれば、異なった道徳的規範は異なった社会の異なった構造の産物にすぎない、と主張する人びと（サルトルにより新実証主義者と呼ばれている）は、リエージュの母親たちの道徳的経験そのものを説明することができない。彼女たちの道徳的葛藤とはこうである。すなわち、一方は、すべての人生には価値がある、とする規範（生命そのものの絶対的価値に固執する立場）がある。他方には、ある種の質をもった人生だけが価値をもっている、とする規範（本当に人間らしく生きるいかなる可能性も欠いた生命の延長を最初から禁ずる立場）がある。リエージュの母親たちは、対立する規範の無条件の義務的性格を、道徳的葛藤において生きたのである。対立する規範の無条件の義務的性格を無視することは、すなわち、規範を習慣や振る舞いを表わしている事実に還元することは、規範の正確な存在論的構造を無視することである。つまりは、人間的主体およびその実践を排除することである。サルトルは、そうした考え方に立つ者として、先の新実証主義者に加えて、構造主義者、何人かのマルクス主義者を挙げ、彼らは歴史の弁証法的性格を知らない、と断言する。

『批判』第一巻によれば、歴史を作っているのは、人間存在、それも身体的、社会的産物によって条件づけられている人間存在である。なるほど、社会システム（過去の実践）が存在すること（人間はシステムの産物であること）は否定しがたいが、それでもやはり、「実践の客観化をとおしてシステムを生み出すのは、ほかならぬ人間である[20]」(Rome 64. 13)。サルトルの主張は、人間存在の実践は、たとえ身体、社会といった過去や現在によって条件づけられているとしても、いまだ存在していない未来へと向かう、というものである。したがって、未来には、実践によって作られたものとしての実践的惰性態の破壊と否定が、実践に付託されている[21]。実践は、そのようなものとして、究極的目標として無条件の未来を有している。

では、サルトルが問題にする無条件的未来とは何か。サルトルは、リエージュの母親たちの例に戻って、母親たちは、われわれの世界の非人間的条件に対する抗議として、また、全面的に人間的な生活を送る可能性の名にかけて、嬰児を殺したのである、という形で答える。すなわち、リエージュの母親たちの目標は、「自分自身において、また、他人に対して、他人をとおして、全体的人間（integral man）を実現する」可能性としての人間的生を実現すること、である。[22] 人間になるという無条件的可能性は、究極的な無条件的道徳規範であり、そうした規範が人間の実践を導き、そうした実践をとおして歴史が導かれる。サルトルは、これこそが「真の倫理学」であり、真の倫理学は人間の歴史の「意味」であり、それの包括的な統一である、と述べている。つまり、真の倫理学とは、われわれの無条件的未来をその目標としてもっている倫理学のことなのである。[23]

こうしたサルトルの立場に立つなら、すなわち、すべての道徳規範の存在論的構造が無条件的義務を体現しているかぎり、それはわれわれに無条件的未来を生み出すように促す、ということになる。ある社会の特殊な道徳に特有の規範のすべてが、そうした特有な内容に加えて、無条件的性格を含んでいるかぎり、それらの規範はすべて、たとえその特殊な内容が曲げられ、疎外されようとも、純粋な未来への促しを含む。結局、諸事実よりもむしろ、純粋な規範がすべての特殊な規範の「基礎」にある、[24] ということになる。この純粋な規範とは、人間性のことであり、さらにはすべての実践の、ゆえにすべての歴史の無条件的な未来の目標は、全体的人間性（integral humanity）である。このことを明らかにするために、サルトルは、歴史的事例を分析し、さらにはマルクスの思想を援用しようとする。その結果、抑圧された階級は究極的な歴史の主体であり、この階級は、自覚していようがいまいが、究極的目標として、人間的豊かさ（充実）（human plenitude）としての未来を求めることとなる。

もっとも、嬰児を殺したリエージュの母親たちは、彼女たち自身は気づいていないとはいえ、全体的人間性のために行為したとしても、そもそも規範のために行為する人間的実践はすべてそうした目標をもっている、といいうるであろうか。また、すべての抑圧された階級が全体的人間性のために、人間的豊かさのために行為している、といいうるであろうか。サルトルも、必ずしもそうとはかぎらない、ということを認めている。そうしたことがいいうるためには、人間存在の構造のなかに、人間存在の構造をそのようなものにする何か深いものがある、ということを示さねばならない。「人間的現実の最も深いところで、すなわち、その動物性において、その生物学的性格において、人間的現実の倫理的‐歴史的条件の根源を見つける必要がある[25]」。これが第二節の最後のページの言葉である。

五　「一九六四年のローマ講演」（2）

第三節（タイトルは「倫理的なものの根源」）は、「ローマ講演」のなかで一番長い箇所である。大部分はアルジェリアにおけるフランスの植民地主義についての論考からなっている。サルトルは、ここで、道徳（規範）を二つに分けている。すなわち、全体的人間性へと向かう純粋な道徳（規範）と、そうした無条件の人間的可能性を制限する疎外された道徳（規範）の二つである。後者は、植民地主義者の道徳とも呼ばれている。サルトルによれば、植民地主義の体系は、真の倫理学の疎外を含む。植民地主義の体系は、全体的人間という真の倫理学の無条件の目的を、アルジェリアの人民に対しては認めない。ということは、アルジェリアの人民は人間以下の（sous-humains）状態に留め置かれたままでである、ということを意味する。アルジェリアの人民が人間になること、すなわちこの場合、植民地主義者になることを認めることは、植民地主義の体系を破壊することであり、そうした体系によって特権をもたされている人びとの立場を破壊することである。しかしながら、見方を変えれば、植民地主義者自身もまた抑圧されている。彼らは彼らを搾取している母国フランスによって、また、互いによって、たとえ個人として望まなくとも、人民を抑圧するように強制されている。

では、人間的現実の深みにおける、倫理的‐歴史的なものの根源とは何であろうか。そこでサルトルは、道徳的現実をそれ自体として把握すること、実践をその無条件的目的によって構成されたものとして把握することを提唱する。抑圧された人びとは、植民地主義の体系の産物である。だが、抑圧された人びとには、体系によって彼らに課せられた非人間的地位を、人間の名の下に拒否する「抑えられない力(force incompressible)」[26](Rome 64. 22)が備わっている。そうした力は、人間が人間以下の状態であることを終わらせようとする。「それこそ倫理学の真の根源であり、物質性の最も深いところからほとばしり出てくる倫理学である」[27]。そして、こうした根源とは、サルトルの言葉によれば、「欲求(besoin)」のことである。サルトルにとって、欲求こそ「第一の規範的構造」[28](Rome 64. 22)なのである。

欲求は、『批判』第一巻以来、サルトル思想の中心的概念となっている。「欲求は基本的実践を自律として生み出す」(Rome 64. 22-23)。そして、欲求の対象は、現在において与えられるのではなく、未来において与えられる。欲求は、人間的自律の無条件的未来を切望するものである。有機体は、そうした欲求をとおして状況を否定し、乗り越え、そしておのれの全体性を、おのれ自身の絶対的目的として、そうあるべき義務として確証する。したがって、欲求こそがわれわれをして道徳的規範が義務的ないしは命令的なものであることを経験させる。欲求は、実践によって世界が有機体に従うようになることを要求するが、だがしかし、惰性的なものに働きかけるためには、有機体それ自身が惰性的なものにならねばならず、それがまさに疎外の瞬間である。しかしながら、こうした疎外は、事物を有機体に統合することによって、たとえば食べることによって、解消される。結局、「道徳性の根源は欲求のなかにある、すなわち人間の動物性のなかにある。……欲求は、人間を、人間自身の目的として、実践を、労働をとおしての世界の支配として、定立する」(29)(Rome 64. 23)。

実践はすべて、人間存在をまったく疎外する体系を生み出す実践でさえ、無条件的未来や無条件的目標として、〈全体的人間〉を掲げる。というのも、状況がどうであれ満たされることを求める欲求は、サルトルにとって道徳的規範の無条件的性格の源泉だからである。ところで、道徳的規範の無条件的性格といっても、人間の道徳的体系が超人間的、永遠的絶対にその根拠をもつ、ということを意味しない。むしろ、人間存在の欲求に根拠をもつ、ということを意味する。人間的有機体は、普遍的な人間的条件――「条件という人間的普遍性」(EH. 67――強調はサルトル)――を同じ成員として共有しているかぎり、人間的有機体は明らかに同じ基本的欲求をもっている。一般に、サルトルという哲学者は、普遍的な人間本性の存在を否定している、と見なされている。たしかにそのとおりである。サルトルは、「人間は自由であり、私がよりどころにできるような人間本性など少しも存在しない」(EH. 52)と述べている。だがしかし、人間の普遍性が存在することまで否定してはいない。「われわれは、人間の普遍性が存在する、ということができる」(EH. 70)。人間的種の成員として定義される人間(裸の人間、普遍的人間とも表現される）と、個別的な社会経済的体系によって規定された人間とを区別し、人間的種の成員として定義された人間を第一次的なものと見なし、そうした人間は同じ種の成員として共通に同じ究極的規範や目標をもっている、とされる。そしてそのときの究極的規範や目標とは、本章においてすでに何度も示したように、より十分に人間的になるための基本的な人間的欲求を満たすことである。

そもそも、抑圧されている者も、彼らを抑圧している者も、少なくとも非措定的に、非反省的に、倫理の真の目標を意識しており、したがって疎外された倫理は倫理の真の目標の制限である、ということに気づいている。といっても、実際には、抑圧されている者は、自分たちを抑圧している組織からいかなる支援も受けない、といった消極的な行動しかとれないかもしれない。しかしながら、そうした組織と闘うとき、さらには抑圧している者と一緒になってそうした組織と闘うとき（抑圧している者も、実はある面ではそうした組織によって抑圧されているのであるから――アルジェリアの植民地主義者を例にとってすでに説明したように）、すなわち、人間存在が団結して実践的惰性態を人間存在の共通の欲求を満たすことのできるものに変えたとき、全体的人間という目標は十分に達成されるのである。そして、人間存在が団結するときとは、革命のときにほかならない。サルトルは、革命のための倫理学を構想していたのである。

結局、第三節の結論はこうである。「自律としての人間」は、第一義的に、抑圧され、搾取された階級の無条件的未来である。したがって、サルトルによれば、もし人間的主体が可能であるとするなら、それはただ「革命的実践（praxis révolutionnaire）」（Rome 64. 27）をとおしてのことにすぎない。

第四節（タイトルは「実践の道徳性と疎外された道徳性」）は、最も短い節である。そこにおいて、サルトルは、道徳的理想に具体的内容を与える。サルトルが理想とする社会とは、人間存在が統合されていて、そのため、実践的惰性態が形成されるや否や解消されてしまうような社会である。それは、経済構造や疎外された道徳性が人間存在を生み出すような社会ではなく、「共同体的決定（communal decision）」[30]をとおして、人間が自分自身を生み出すような社会である。つまり階級なき社会である。もっとも、サルトルによれば、社会主義はそれ自体いまだに実践的惰性的構造をもっている。しかし、実践的惰性的構造は現に避けられない以上、むしろそれを利用しなければならない。実践的惰性的構造は、むしろ人間的充足のための道具である。革命の理論は全体的人間を遠い目標としてもっているが、近い目標は、具体的人間の欲求の充足である。こうして、『倫理学ノート』においてサルトルが構想した「具体的モラル」は、「一九六四年のローマ講演」において、登場してくるように見える。[31]

サルトルにとって、全体的人間という目標を達成するための手段はすべて、それが目標を妨げないかぎり、よいものである。講演の最後で、サルトルは、「歴史の倫理学」の創造、すなわち、「歴史と道徳性の劇的発展とを同一視すること」[32]を促して、終わる。真の道徳性やその目標は、人間的実践を導き、それをとおして歴史の方向を導くべきである。サルトルにとって、社会主義的、革命的道徳は、さしあたりそうしたものであった。

結び

「一九六四年のローマ講演」によれば、ア・プリオリな規範も、永遠的な規範も存在しない。したがって、アルジェリアの人民たちは、まさに自分たちの人間以下の状態から出発して、要するに自分たち自身から出発して、自分たちの現状を根本的に否定することを唯一の行動方針として、未来の人間的規範を描かねばならない。これがサルトルのいう「弁証法的倫理学」であるとするならば、サルトルの倫理学に、一般則や正当な行動の原理を求めても無駄である。サルトルにとって、革命的実践を正当化するための規範は存在しない。せいぜい次のことがいいうるにすぎない。すなわち、「歴史が現実性をもつのは、人間にとって、次のような自己を実現する無条件的可能性をとおしてのことにすぎない。すなわち、完全な自律のなかで、つまり自己を生み出すに応じて実践的惰性態をおのれの内部へ溶解する実践として、あるいはこういってよければ、結合した人間たちすべての実践として自己を実現する、無条件的可能性をとおしてのことにすぎない[33]」(Rome 64. 17-18)。人間とは、〈作られるべき〉ものである。〈人間を作る〉という無条件の可能性の名の下に、われわれは実践を行なう。

以上のように、「一九六四年のローマ講演」において、サルトルは、道徳と政治や歴史が一体のものであることを主張して、終わる。そして、道徳と政治や歴史とのあいだを媒介するものは、人間の欲求であり、そうした欲求をもっているものは、「一九六一年のローマ講演」の言い回しを使えば、主観性をもった個人なのである。

ところで、「弁証法的倫理学」という名称は、サルトル研究者たちのあいだにおいても認知されている、と考えてよい。たとえば、「一九六四年のローマ講演」について考察したR・ストーンたちは、「おそらく六四年の初頭から六五年の中頃にかけて書かれたであろう、サルトルの未刊の少なくとも三つの著作を指し示すために、弁証法的倫理学という表現を使う」(Rome 64. 9) と述べている。この「弁証法的倫理学」は、「現実主義的、唯物論的道徳性 (realistic, materialistic morality)」[34] と呼ばれるものを、発展させたものである。したがって、本章の冒頭でも示したように、「弁証法的倫理学」は、『批判』第一巻の立場に立って倫理学を構築しようとしたサルトルの考察、すなわち彼の第二の倫理学の、別称なのである。

第二章　「コーネル大学講演」——倫理の無条件的可能性

序

「コーネル大学講演」の主題もまた、第二の倫理学の基本問題である「道徳と政治との関係」に関するものであることを、サルトル自身が明言している。[1] 本章では、この「コーネル大学講演」について検討してみたい。

実は、「コーネル大学講演」は幻に終わった。サルトルは、一九六五年に、アメリカ・ニューヨーク州のコーネル大学で、フローベールやカントについて話をする予定だった。しかしながら、サルトルは、アメリカによる北ヴェトナム（当時）への爆撃開始に抗議して、講演を一方的にキャンセルした。[2] その結果、講演のために準備された草稿が遺された。それが「コーネル大学講演」草稿と呼ばれているものである。

キャンセルの経緯については、以下の資料が詳しい。すなわち、『ル・ヌーヴェル・オプセルヴァトゥール』誌の一九六五年四月一日号に掲載された対談「もはや対話は可能ではない」（サルトルによるキャンセルの理由の説明)、同誌、四月八日号に掲載された「あるアメリカ人の手紙」(サルトルのキャンセルに対するコーネル大学教授、D・I・グロスフォーゲルの抗議)、同誌、四月八日号に掲載された「グロスフォーゲル氏に答える」(グロスフォーゲルの抗議に対するサルトルの返答)。これらの資料を少し詳しく検討してみよう。

アメリカによる北爆開始によって、サルトルは、「アメリカ人はなんら理解しておらず〔解放戦線が勝利を収めつつあり、アメリカ側の立場がしだいに維持しがたくなっている、ということをアメリカ人はなんら理解していない〕、彼らとわれわれ〔ヨーロッパ人〕とのあいだには共通の言葉がありえない」(S VIII. 12) ということに気づいた。サルトルは、「第三世界と連帯しているヨーロッパの一知識人」として、南アメリカ、朝鮮、第三世界全体に対するアメリカ帝国主義の政治姿勢全体が変わらないかぎり、アメリカに行って講演しても意味がない、と判断した。サルトルはヨーロッパで抗議行動を巻き起こす、という立場をとることにしたのである。

こうしたサルトルの講演拒否の理由に対して、サルトルを招待したグループのメンバーである、コーネル大学文学部教授、D・I・グロスフォーゲルは、サルトルに抗議の手紙を送った。「アメリカ合衆国がサルトル氏を招待したのではない。……サルトル氏はわが国ではほとんど知られていない。……《アメリカ》がこの訪問に関心をもったわけではない。サルトル氏は、ある大学教員のグループによって、私人の資格で招待されたのである」(S VIII. 20)。すなわち、サルトルの見解を理解できる友人たちが含まれている「少数の行動派」によって招待されたのである。それなのにサルトルは彼らを見限り、もともとサルトルの話に耳を傾けようともしない人びと(「もはや対話は可能ではない」人びと）に抗議するために、講演をキャンセルした。D・I・グロスフォーゲルによれば、サルトルは第三世界の人びとに対して、「純粋なままでいようとした」（S VIII. 21）。自らを理解してくれるアメリカの「少数の行動派」の感情を傷つけることになるかもしれないにもかかわらず、サルトルは第三世界の人々に愛想を遣う方を選んだのである。D・I・グロスフォーゲルは、「サルトル氏にその精神的糧をわれわれに分かちに来て欲しかった」と訴える。というのも、ひとりの作家・思想家の思想を生きたものとして捉えることができるなら、アメリカに変化が起きる、とD・I・グロスフォーゲルは信じていたからである。

こうしたD・I・グロスフォーゲルの訴えに対するサルトルの反応は、こうである。すなわち、D・I・グロスフォーゲル氏は、私〔サルトル〕がアメリカに行って、フローベールやカントについて語り、たとえそれによりたったひとりのアメリカ人の目に「倫理の光（lueur éthique）」を生じさせるだけだとしても十分価値がある、というが、光を生じさせるには、アメリカ社会の真実、つまりアメリカはその経済的、社会的構造のうえから見て帝国主義国家である、ということをアメリカ人たちに示す必要がある、と。そして、それはD・I・グロスフォーゲル氏の役目である、と。このように、サルトルと、D・I・グロスフォーゲル氏との対話は、平行線をたどったまま終わる。そして最後にサルトルは、彼が第三世界の人びとに対して「純粋なままでいようとした」という、D・I・グロスフォーゲル氏の批判については、「意に介さない」（S VIII. 26）と述べている。

以上が、「コーネル大学講演」がキャンセルになった事の顚末である。この講演の草稿は、同時期の一連の草稿と同様に、いまだ公刊されておらず、ごく少数のサルトル研究者によって保管されているにすぎない(3)。そうした状況のなかで、現在までのところ、一九六〇年代に書かれたまま公刊されず遺された遺稿については、一九八七年にベルギーのブリュッセル大学から出された『サルトルの遺稿に関する研究』が貴重なものとなっている。本章で利用する、ジュリエット・シモン（Juliette Simont）の論文、「サルトルのコーネル大学講演をめぐって」（Autour des conférences de Sartre à Cornell）もそのなかに含まれている。J・シモンのこの論文は、サルトル自身が準備した草稿の要約である。本書では、このシモンの要約をもとにして、サルトルの「コーネル大学講演」の中身に迫ることにしたい(4)。

「コーネル大学講演」は、サルトル思想と倫理学的問題との関係という、対立的で、一見解決不能な問題を、考察の対象にしている。というのも、サルトルが『実存主義はヒューマニズムである』において、人生の岐路に立たされたひとりの青年に、「カントの道徳にせよ、その他の道徳にせよ、あらゆる道徳に問いかけてみても、そこにどんな種類の教示も発見できなかった」（EH. 78）と告白させるとき、また、サルトル自身が『倫理学ノート』において、「カントが定言命法を公式化するとき、彼は具体的集団を見ないで、人間全体を見ている」（CM. 441 ——強調はサルトル）といって批判するとき、サルトルは既存の倫理学（とりわけ、カント倫理学）と対立している（あるいは、否定的な関係にある）ように見えるからである。

しかしながら、サルトルには、倫理学についての考察をまとめてみたい、という意欲は十分あった。「コーネル大学講演」は、『存在と無』以来、断続的ではあれ一貫してサルトルの関心を引いてやまなかった倫理学的問題を、自己の思想のなかでいかに整理して示すことができるかを試してみたものとして、重要なものである。ほとんど推敲もされていない断片的なノートではあるが、全体の構成はしっかりしている。全体は五つの節から構成されている。すなわち、第一節「倫理的経験の特性」(La spécificité de l'expérience éthique)、第二節「倫理的経験の本質」(L'essence de l'expérience éthique)、第三節「規範の無条件的構造としての可能性について」(De la possibilité comme structure inconditionnelle de la norme)、第四節「エートスの逆説」(Le paradoxe de l'éthos)、第五節「倫理的逆説とマルクス主義的構造主義」(Paradoxe éthique et structuralisme marxiste)。

一　倫理的経験の特性

サルトルは、「コーネル大学講演」において、倫理的規範の本質に関して、次のようにいっている。「規範(normes)は人間的振る舞いに一定の目的(fins)を与え、また、規範はそうした目的に到達する可能性を無条件的なもの〔絶対的なもの〕(inconditionnelle)として与える。したがって、規範的なものの本質という問題は、無条件的可能性(possibilité inconditionnelle)の問題となる」(Cornell. 43)。ここで可能性が無条件的であるといわれるのは、すべての条件が整っていて、可能性が実現されるほかない、といった状況を指しているのではなく、条件がどうであれ可能性が実現可能である、ということを示唆しているのである。だからといって、可能性が必然的に実現される、といっているのでもない。では、サルトルがいう倫理の無条件的可能性とはいかなる事態を指しているのだろうか。まずは手始めに、倫理的命令を例にとって見ていきたい。

サルトルは、倫理の経験そのものが前存在論的かつ直接的に存在する、という前提に立って――「倫理は存在する」(Cornell. 40)――、倫理の経験についての現象学的記述を行なおうとする。すなわち、「社会的行為者が道徳的行為をとるときは外から、同様に、われわれ自身が道徳的行為をとるときは内から」(Cornell. 36) 捉えられうるものを記述しようとする。そこでサルトルは、まず、倫理的経験の特性を言語による規定というレヴェルで問題にしようとする。すなわち、倫理的命令を問題にする。そして、そうした命令のなかに、「定言性 (catégoricité)」あるいは「無条件性〔絶対性〕」が要約されている、という。たとえば、「あなたは投票しなければならない (Vous devez voter)」、「海底をゴミ箱にしてはならない (Le fond des océans ne doit pas server de poubelle)」といった、新聞の見出しの言い回しを問題にする。そして、この「ねばならない (devoir)」には、「定言性」あるいは「無条件性」が要約されている、という。ところで、こうした見出しの言い回しにおいては、事実が権利・義務・要求 (droit, devoir, exigence) へと変化している。つまり、「ねばならない」は、諸事実から抽象されたものにすぎない。投票率の実態、海洋投棄の実情といった、事実のレヴェルで説明できる事柄を、それらの言い回しは、義務や要求といった権利のレヴェルに立って、命令している。いわば、無条件的な命令の形式をとっている。換言すれば、それらの言い回しは、そのもの自体として定立される空虚な内容以外の内容をもっていない。すなわち、なぜ投票しなければならないのか、といったことは問題にされていない。それらの言い回しは、あくまでも倫理的命令〔命法〕(impératif éthique)、純粋な呼びかけ (interpellation pure) として、構成されているのである。

もっともサルトルにとって、倫理的命令を具体的事実から完全に切り離すことが問題なのではない。むしろ、倫理的命令は深く世界の物質性に結びついているといってよく、倫理的命令を諸事実から切り離すことは、事実と権利とが絶えずその意味を交換している緻密な弁証法においてのみなしうることである。したがって、「あなたは投票しなければならない」が無条件的命令である、ということは、投票することが諸事実の特権を擁護することである、といった厳密な条件においてのみ成り立つ。事実は命令の後ろに隠されているにすぎない。逆にいえば、諸事実はしばしば変装した命令である。結局、事実と権利、物質と命令は、互いに他に還元されえない「変装（déguisement）」である。それは、絶えざる変装ではあるが、どちらか一方に割り振ることのできる項など有していない変装、したがって倫理がまったく意味を失うような、良識に反するような客観的な操作にも、あらゆる物質性から解放されたたんなる意図としての霊気にも、決して還元できない変装である。

こうして、倫理的経験の特性を問題にするとき、サルトルは、たんに「ねばならない」という言語的規定が還元不能であることを確認するだけでなく、倫理的経験の特性の意味、すなわち事実と権利を連動させる、隠蔽され、瞞着され、変装された弁証法の意味を究明することにも向かう。そこでサルトルが次に例として取り上げるのは、ウィスコンシン州におけるケネディ（ジョン・F・ケネディ）の選挙であり、それは、倫理的経験の特性が政治との緊密な関係において重要な意味を帯びる例の一つなのである。サルトルによれば、さまざまな社会的、経済的問題に苦しむウィスコンシン州にあって、ケネディの選挙演説は、いささかも具体的なプログラムを示さず、プロテスタントの選挙民に、「規範的選択（option normative）」（Cornell. 37）を求めた。ケネディは選挙民に対して、次のようにいっている。

すなわち、ウィスコンシン州のプロテスタントたちは、私がカトリックであるという理由で私への投票を拒否することは、道徳的に不可能である。したがって、ウィスコンシン州がケネディに投票すること、つまりは「〔宗教的〕寛容のために（pour la tolérance）」（Cornell. 38）投票することは、無条件的に可能である、と。それゆえ、ケネディが選ばれたのは、もっぱら倫理的な呼びかけ（appel purement éthique）の名においてである、と。

このケネディの選挙の例においても、先の新聞の見出しの言い回し、すなわち「あなたは投票しなければならない」、「海底をゴミ箱にしてはならない」といった言い回しにおいても、サルトルは、倫理的経験の特性は、命令の無条件的で断固とした空虚さにもとづいている、ということ、しかしながら、そうした命令の空虚さは、客観的事実の世界や物質の世界との解消できない関係を伴っており、しかも命令の空虚さはそれらの世界を否定するかぎりにおいてそれらとの関係で規定される、ということを主張する。というのも、寛容のために投票しなければならない、という白人のプロテスタントたちに向かってなされる普遍性への呼びかけも、ひとりの白人のカトリック（＝ケネディ）によってこそなされうることであり、ひとりの黒人のカトリックによってはなされえないことであるからである。無条件的な倫理的呼びかけといえども、厳密に条件づけられたものなのである。たしかにケネディは選挙民に「規範的選択」を求めた。つまり、宗教的に寛容であれ、と訴えた。しかしながら、そうした訴えは政治において現実的効果をもっていたのである。だからといって、ケネディが「規範的選択」を政治的手管として利用したとはいえない。なぜなら、ケネディの成功が間違いなかったわけではなかったからである。実際には、倫理的呼びかけの空虚さが選挙民の熱狂と出会わないかぎり、ケネディは成功しなかったわけである。

結局、ケネディは、寛容の人、倫理の人であると同時に、資本主義の人、権力の人でもあった。つまり、ケネディにおいて、寛容（倫理）と資本主義（権力）とは互いに他を排除しない。ケネディは政治的であり続けるために道徳的であろうとしたし、また、彼が支配階級の利害に奉仕しているということが本当だとしても、彼が倫理的秩序に属しているということも本当なのである。こうして、ケネディの行為は、支配階級の利害と倫理的秩序との結びつきのなかに、緊張と不確定な力を導き入れたのである。もっとも、倫理的規範が政治的結果に解消されず、倫理的規範が政治的結果において決定不能な緊張のなかに保たれるとしても、それでもやはり倫理的規範は同時に結果を生み出すことに変わりはなく、そうした結果は、世界への受肉によって、断固として倫理的規範から逃れ、たんなる事実と化してしまう。それは倫理的規範の堕落であり、「反目的性（contre-finalité）」（Cornell. 39）である。「倫理は必ずしもその結果において消滅するものではないが、倫理は必ず非倫理的な結果をもたらす」。したがって、一方で、倫理はその異議申し立ての力を思いがけず現実化することができるが、他方で、倫理は不透明な反目的性のなかに解消される部分もある。いずれにせよ、倫理的命令が現実化される前も後も、倫理と政治との関係は一義的ではない。

以上のように、サルトルによれば、倫理的経験の特性は定言命法（impératif catégorique）であり、その固有の形態は、「諸事実」の世界を無条件に空無化（néantisation）する自由、すなわち抑えがたい自由であって、義務を尊重することだけによって動機づけられた、法の純粋な形式ではない。だからといって、倫理の特性は、事実の条件づける－条件づけられる（conditionnée-conditionnante）客観的必然性の付帯現象に還元されてしまうことはないにしても、それにもかかわらず、考えられるかぎりでの倫理の展開のあらゆる局面において、事実との多義的で、決定不能な関係をもつ。こうしてサルトルは、一方で、倫理を脆弱な上部構造に還元してしまう正統マルクス主義と距離を置き、他方で、倫理的行為の理念的純粋性と具体的行為の妥協ぶりとを徹底的に分離する正統カント主義からも距離を置くのである。

二　倫理の無条件的可能性

サルトルは、「コーネル大学講演」において、一貫して、倫理の無条件的可能性を問題にしている。しかしながら、倫理の無条件的可能性といっても、それは深く世界の物質性と結びついたものである。すなわち、倫理的命令は、無条件的命令であると同時に、諸事実と切り離すことのできないものでもある。サルトルによって、倫理は事実と多義的で決定不能な関係をもつとされた。そのことについて、例を取って見てみよう。

サルトルの例によれば（Cornell. 44）、常に真実（vérité）を強制的義務（obligation contraignante）とし、誠実さ（sincérité）を価値（valeur）と見なしてきたある一組の夫婦がいる（真実を語ることが誠実なことである、という関係に立った話ではない。むしろ、真実と誠実を矛盾した関係に置いた話である）。ところが、外的状況のために、サルトルの例では、妻の病気のために、嘘をついて生きていかねばならなくなる。

すなわち、妻が不治の病に冒されていて、妻はもはや一年しか生きられない、ということを知った夫は、そのことを妻に正直にいいたくない。夫のもともとの倫理的選択（option éthique）は、真実——実践的惰性的構造（structure pratico-inerte）としての——の側に立っていた。つまり、真実を語るという倫理的義務の立場に立っていた。ところが、歴史的、事実的な事柄、この場合には妻の不治の病という事柄を知って、嘘をつくというもう一つの倫理的選択をした。換言すれば、夫は、最初は真実に対して、誠実さ（したがって、限定されたものとしての）に対してよりも、より大きな重要性を認めていた。次いで、嘘をつくことを選択した。すなわち、真実を義務とする立場から、誠実さを価値とする立場へと変わった。だがこの夫は、最初の倫理的選択（真実を語ること）を放棄しない。もし真実への要求を保っていなければ、その夫は自分が真実を隠していることを知ることさえできない、とサルトルは述べる。このあたりの議論は、「一九六四年のローマ講演」において、嘘をつかいない可能性を残しておくために、すなわち本当のことをいうことができるために、われわれは「嘘をつくなかれ」という規範を保持している、とサルトルが述べていることと似ている（Rome 64. 11）。こうして、その夫は、無条件的に嘘つきとしての自分を引き受けつつ、無条件的に自分を非難する（すなわち、真実への要求を保つ）。ここに二つの倫理のあいだの矛盾が現われる。

結局、無条件的なものは、事実的理由（外的状況）によって除外されない。無条件的なものだけが無条件的なものを限定することができる。すなわち、倫理の本質は無条件的可能性として規定される、しかも、無条件的なものは条件づけられない。これこそ、サルトルが「コーネル大学講演」のなかでいおうとしたことである。いまや、倫理の無条件的可能性とは何かが、改めて問題となる。すなわち、無条件的なものは条件づけられない、という否定的な定義とは別な仕方の定義が問題となる。その前に、サルトルが例として出してきた一組の夫婦の倫理的態度である、真実を義務とし、誠実さを価値とする、という態度とはいかなるものであるのかを、正確に把握しておかなければならない。

サルトルは、倫理的命令に関して、二つの重要な規範的総体を区別する。それは、一方で「制度(institutions)」であり、他方で「習俗(mœurs)」である(Cornell. 40)。制度は一般に、拘束と処罰によってその命令的構造を尊重させ、またその代わりに、制度はその権威に従っている人びとを権利の主体として制度化する。典型的な制度は、法である。反対に、習俗は、厳格に規定された直接的な処罰を行なわずに、漠然とした処罰をとおして社会において保たれていく。漠然とした処罰とは、たとえば、言葉遣いや間違いを笑う、といった形で、相手を処罰することである。

では、制度と習俗との関係はどうなっているであろうか。サルトルによれば、それは複雑な関係である。すなわち、両者は重なり合わず、また、作用としての特性をもち、相互に影響し合い、矛盾を有する。「制度と習俗のピラミッドが倫理の現実的対象を構成する」(Cornell. 41)。そこでサルトルは、習俗や漠然とした処罰がもつ規律に従って機能する倫理的規定に関して、より正確な分類を試みる。その際、「価値(valeurs)」、「善(biens)」、「模範(exemples)」、「理想(idéaux)」が取り上げられる。

ここでは「価値」についてだけ見てみよう。「価値」の例としてサルトルが挙げているのが、「誠実さ」である。誠実さには拘束も命令も含まれていない。そこにはいかなる客観的なものもない。サルトルは、そうした誠実さを「真実」と対立させる。真実も倫理的な観念であるが、サルトルは、真実を「制定された」(instituée)倫理の側に置く。この場合、サルトルが「制定された」倫理と呼んでいるものは、人がそれによって何をなすべきか、何ができるかがわかっている倫理、コード化された命令が、「実践的惰性態」に最も接近した、すなわち事物に最も接近した倫理のことである。真実を語ることは倫理的義務である、ただし、現実のなかに凝固した義務である。したがって、真実はそれがあるところのものである、真実は諸事実の客観性のなかへ実存が沈澱するようなものである、と表現される。逆にいえば、真実は「人間関係のなかに実践的惰性態が絶えず侵入してくる」（Cornell. 41）ことである。

真実を語るという倫理的義務は、誠実さとは混同されないし、それどころか誠実さとは矛盾する。誠実であるということは、「真実の問題化（problématisation de la vérité）」を深めることによってそれを「案出する（inventer）」ことである。誠実さとは、既成の真実という制度に対してスキャンダルという代償を払ってでも（上記の例では、嘘をついてでも）、同時に、真実に無限に接近することをとおして真実を存在させることによって（嘘をついている自分を非難し、真実への要求を保つことによって）、誠実さを存在させようとする（真実を案出する）ことである。結局、サルトルによれば、誠実さ〔価値〕とは、明確な拘束を伴うものではなく、それは案出であり、存在の彼方の存在であり、それがあるところのものである存在（真実という制度）に対して自律的なものである。そこにサルトルが「倫理的逆説（paradoxe éthique）」（Cornell. 41）と呼んでいるものがある。それはつまり、次のようなことを意味する。すなわち、価値が所与からの空無化的離脱の力であるとしても、それでもやはり価値は直接的な内容をもっている、ということ、各人は、「誠実である（être sincère）」ということが何を意味しているのかを一挙に知る、ということ、そして、そうした離脱の動きが始まるのは、誠実な自己と自己自身とを一致させようとする幻想をもったとき、どんな空無化的活動をも停止しようとするときだけである、ということを意味する。

真実を義務とし、誠実さを価値とする、というサルトルの表現をめぐって、長めの考察を行なってきたが、そこで現われてきた新たな事態が、「倫理的逆説」というものであった。上記の夫婦の例でも、結局、夫は、真実を語るべきであるという義務的倫理と、誠実であろうとする価値的倫理とのあいだで、矛盾に陥る。そして、夫が選択した倫理は、真実を隠すこと、すなわち嘘をつくことであった。夫は、無条件的に嘘つきとしての自分を引き受け、同時に、無条件的に自分を非難するのである（真実への要求を保つ）。それは、事実による無条件的なものの相対的条件づけではなく――ある場合にはそうであるが（妻が不治の病に冒されているという事実によって、無条件的に嘘つきとしての自分を引き受けることを条件づける、すなわち制限する）――、無条件的なものを「もう一つの無条件的なものによって」（Cornell. 44）条件づけようとする（嘘をつきつつ、真実への要求を保とうとする）不可能な試みである。

ところで、所与や状況から離脱する力としてのかぎりでの無条件的なものは、離脱、案出、分裂、大騒動――戦争、革命――といったものの時代において、その十全な意味をもつとしても、反対に、安定した時代には、その存在理由を失い、修正されねばならない。すなわち、「大きな状況の倫理から小さな状況に適合した生きる術へ」（Cornell. 43）と、修正されねばならない。無条件的なものを除去するのではなく、修正するのである。もっともサルトルは、ここで、革命の倫理学というよりは、日常生活の倫理学の話をしているように見える。「一九六四年のローマ講演」以来、サルトルの倫理学は、革命の倫理学と呼びうるものであった。社会主義的、革命的道徳が、サルトルにとっての真の道徳性（目標）であった。サルトルによれば、もし人間的主体が可能であるとすれば、それはただ「革命的実践（praxis révolutionnaire）」（Rome 64. 27）をとおしてのことにすぎない。その際、革命的実践は、同じ実践によって作られたものとしての実践的惰性態を破壊し、否定する。実践は、そのようなものとして、究極的目標としての無条件的未来を有している。そして、そうした目標、すなわち実践的惰性態をとおして人間存在の共通の目標――たとえば、人間以下の状態に留め置かれている人びとが、全面的に人間的な生活を送る、という無条件的可能性、「全体的人間（homme intégral）」という無条件的可能性――は、達成されるのである。「歴史が現実性をもつのは、人間にとって、次のような自己を実現する無条件的可能性をとおしてのことにすぎない。すなわち、完全な自律性のなかで、つまり自己を生み出すに応じて実践的惰性態をおのれの内部へ溶解する実践として、あるいはこういってよければ、結合した人間たちすべての実践として自己を実現する、無条件的可能性をとおしてのことにすぎない」（Rome 64. 17-18）。

　これに対して、「コーネル大学講演」においてサルトルは、「大きな状況の倫理から小さな状況に適合した生きる術へ」と、すなわち、日常生活の倫理学へと視点を変えたように見える。あるいは、むしろ、『倫理学ノート』に代表される「第一の倫理学」の結論の一つである、「本来性のモラル」に立ち返ったようにも見える。たしかに、『倫理学ノート』においても、サルトルは、革命の倫理学を模索していた。「今日、モラルは、革命的社会主義的であらねばならない」（CM. 20 ――強調はサルトル）。それは、『倫理学ノート』を、『弁証法的理性批判』第一巻（以下、『批判』第一巻と略記する）や「一九六四年のローマ講演」に結びつける論点である。しかしながら、『倫理学ノート』は、『存在と無』の続き」（F. 103）であるがゆえに、そこにおいて、『存在と無』の存在論に基礎づけられた倫理学が語られている、ということは想像するに難くない。すなわち、神が存在しない時代に生きる人間にとって、孤独のなかで本来性に向かって自己を選択する以外、進むべき道はない、という立場に立つ倫理学が語られるはずである。人間が自己を選択するとき、すなわち状況を自覚し、責任と危険とを引き受けるとき、人間は本来性に到達できるのである。こうした本来性は、行為の規範というよりも、むしろ「生き方（way of life）」である、といった方がよいことは、すでに本書の第一部第二章「本来性のモラル」のなかで見た。もっとも、『倫理学ノート』には、「倫理の無条件的可能性」という言い回しは出てこない。さらには、「倫理的逆説」という考え方も見当たらない。結局、矛盾こそが真理であるとする論理である弁証法を用いて議論しているか否かの違いである。ここでは、フッサール流の現象学を基軸に据えた『存在と無』および「第一の倫理学」と、弁証法を問題にしている『批判』第一巻および「第二の倫理学」との違いが存在する、ということを確認するにとどめておこう。

それよりも、「一九六四年のローマ講演」と「コーネル大学講演」との違いは何かと問われるなら、以下のように答えることができるであろう。すなわち、同じ無条件的なものを主張するときでも、「一九六四年のローマ講演」では社会主義的革命と直接的に結びついた、大きな状況における「全体的人間」という大きな目標が掲げられているのに対して、「コーネル大学講演」では、「全体的人間」は問題にされない、と。「コーネル大学講演」では、小さな状況、例えば日常生活における小さな目標が問題にされる。「一九六四年のローマ講演」では、完全な自律性において、「全体的人間」という無条件的可能性をとおして、歴史が現実性をもつ、とサルトルは主張していたのに対して、「コーネル大学講演」では、現実のなかに凝固した義務（真実を語らねばならない、という義務）を最大限尊重しつつ、真実を新たに案出する自律的な態度（誠実さ）を問題にした。そのとき、人は、真実を語らねばならないのに嘘をついている、そうした自分を非難する。そこで、無条件的な義務が無条件的な誠実さによって条件づけられる。つまり、義務という倫理が、誠実さというもう一つの倫理によって一時的に乗り越えられたのである。

三　倫理的逆説

前節の議論の展開で明らかになったことは、歴史的条件と倫理的無条件との関係は並列的なものではない、ということである。現行の規範と矛盾する歴史的事実に同調するには、新たな倫理的規範を生み出す必要がある。したがって、歴史的条件が、さまざまな無条件的倫理を生み出すのである。サルトルによれば、それは無条件性が多様な規範に共通する構造であるばかりか、無条件は「どんな行為にも」共通する構造でもあるからである。条件自体のなかにすでに無条件性の契機が含まれているからである。つまり、そうした無条件性は、歴史的行為においては「逸脱する（dévier）」が、倫理的行為においては、反対に、無条件性はそれ自体、目的として捉えられる。いずれの行為も、目的のための手段の配置である。すなわち、倫理的無条件と歴史的条件に共通する構成要素としての無条件性とは、「目的（fin）」のことである。

だが、どんな行為においてもそうした無条件性が保たれるわけではない。実践の運動は二重になっている。「実践は無条件的に可能なものとされる――そしてそれによって実現される――と同時に、実現されることによって、自らの可能性の条件を明らかにする」（Cornell. 46）。すなわち、実践が実現されることによって、実践に先立つ現実や物質によって実践が条件づけられている、という実践の必然性、つまり運命が明らかとなる。そもそも、すべての外部存在が内面性を凍えさせ、知らぬ間に逸脱させている、という自由の運命を理解することが、『批判』第一巻の中心的問題設定であったのである。

倫理的行為は、あらゆる歴史的行為に属する規定、すなわち無条件性を展開するにすぎない。しかしながら、倫理的行為が無条件性という規定を展開するとき、倫理的行為はそうした規定を、歴史に対立するもの、純粋な未来、つまり逸脱しない未来によって規定されたもの、とする。たとえば、レジスタンスという企図は、たしかに歴史的で条件的な企図であるが、敵方に逮捕されることによってその企図の内部に導き入れられた歴史との断絶によって、とりわけ倫理的な企図となる。レジスタンスの闘士にとって、逮捕され、拷問にかけられても断固として口を割らないということは、死を選択すること、つまりは、歴史のただなかで歴史を拒否することを意味する。そのとき、純粋な無条件性、つまり純粋な未来、相互的条件づけの循環性から純化された時間性が、開示される。倫理的徹底主義（radicalisme éthique）は、過去がまったく一掃されることを要求する。もっともサルトルはここで、「倫理的徹底主義の基本原理は、生きることを選択することでも、死ぬことを選択することでもない」

(Cornell. 47)と付け加える。それらの選択は、たしかに倫理的選択ではあるが、副次的な選択であり、具体的で特殊な一つの選択（解決策）ではあるが、普遍的な選択（解決策）ではない。

ここでサルトルは、拷問に際して死を選ぶことで口を割らずにすませる、といった態度をとらなかったふたりの人物、チェコの作家フチク（Fucik――レジスタンス運動に関係）と、アルジェリアのフランス人数学教授アレッグ（Alleg――アルジェリア独立戦争に関係）を取り上げる。彼らには自信があった。彼らにとって、肉体的苦痛は「避けてとおることのできない無意味な」（Cornell. 47）事実でしかなかった。それに対して、レジスタンス国民評議会の創設者のブロソレット（Brossolet）は、ゲシュタポに逮捕されて、拷問で口を割ることを恐れて、窓から身を投げた。ブロソレットは苦痛という制約から自分を解放する自信がなかった。だが、フチク＝アレッグ的態度にしても、ブロソレット的態度にしても、生を選んだか死を選んだかが重要なのではない。むしろ、両方の態度の根本にある「事実性を問題にすることによる、実践的領域の再構造化」が、重要なのである。つまり、彼らにおいてはいずれにしても、生も死も再び案出され、再び構造化され、生も死も「私の事実性を限定する条件という地位から、私の事実性を再創造する無条件的手段という地位へ移行する」（Cornell. 48）。生を選ぼうと、死を選ぼうと、いずれにしてもそれは状況（歴史的条件、事実性）に対する一つの選択であり、そうした選択は、状況を再創造する無条件的手段となる。もっとも、たんに選択する、決断するといったことによって、どんな偶然性をも免れることができる、と考えてはいけない。純粋な未来は、「予見不能」なものであり、「偶然性の虜になる」ことである。なぜなら、純粋な未来は過去との結びつきを欠いているからである。純粋な未来は、再び歴史的条件の支配下に置かれる。

結局、倫理は、あらゆる行為の本質的ではあるが、一時的な契機である。倫理的行為はその契機を拡張し、それによってその契機に最大限の大きさを与えると同時に、そうした契機において限定され、行為の他の次元を自己から排除する。それこそあらゆる実践の運動そのものであり、自己自身の限界を自らに与える全体化的企図である。それゆえ、倫理的行為は、本質上例外的な行為の理想型ではなく、あらゆる行為の自由な構造のある発展形態にすぎないのである。

サルトルは、「コーネル大学講演」において、すべての行為が過去と実践的領域とを到達すべき目的へと統合するかぎりで、すべての行為の構造の契機となる無条件的可能性の構造を検討してきた。今や残された課題は、「目的の構造（structure des fins）」（Cornell. 49）を解明することである。目的について、サルトルは、習俗としての規範の一つである「善」を「かぎりなく無条件的な目的」（Cornell. 42）として説明し、また、倫理的無条件性と歴史的条件性に共通する構成要素としての無条件的目的について説明している。しかし、それは目的そのものの地位を解明するものではない。サルトルがここで問題にしている目的は、行為と不可分の、「規定されたものとしての（en tant que déterminées）」目的であり、いわゆるカントの「目的の国（cité de fins）」ではない。

サルトルがここで主張する論点は、歴史における主体の行為は必ず明確な目的により規定されている、ということである。「実践的主体が、他人を主体として扱うことによって自らが自らの行為の主体となろうとするたんなる意図によって、主体‐客体としての自らの歴史的条件と闘ってきた、というためしは一度もなかった。そうした意図は必ず正確な目標（buts précis）によって生み出され、また限定されているのである」（Cornell. 49）。そうした目標すなわち目的は、倫理的主体の内面性の表現というよりも、社会の決まり文句——たとえば、嘘をついてはいけない、所有は権利である、両親を敬わねばならない——である。だが、サルトルによれば、社会的共同体の態度は曖昧である。

一方で、過去を一掃しようとする倫理的徹底主義は、決まり文句を拒否するが、それ自体が社会的に提示された目的としての決まり文句である。他方で、社会は「非本来的道徳に優先権を与える」(Cornell. 49)、すなわち、非徹底主義的で、惰性的命令に支配された倫理に優先権を与える。「共同体は、倫理を徹底主義のうえに基礎づけつつ、徹底主義が社会を含めたすべてを槍玉にあげることを恐れる。共同体は徹底主義を、倫理的実践の深いけれども遠い源泉とするが、共同体は徹底主義の顕現を大きな状況に送り返す」。目的に対する共同体のこうした曖昧さは、共同体が集列(série)であると同時に集団(groupe)であることに起因する。集列は、非本来的道徳を優先させる。そうした倫理において、目的は既成の秩序を維持する手段でしかない。反対に、集団は共通の目的によって溶融しているかぎり、外的団結を強制する必要はなく、その自由において倫理的高揚に訴えかけることができる。社会は集団であると同時に集列でもあるがゆえに、各人は多様な社会的帰属によって、「徹底主義のチャンピオンであると同時に、非本来的道徳の守護者となることができる」。

にもかかわらず、たとえ目的が社会的 - 歴史的に条件づけられているとしても、倫理が無条件的なものとして経験に与えられている、ということに変わりはない。このような、目的が社会的 - 歴史的に条件づけられていると同時に、倫理が無条件的なものとして経験に与えられている、という逆説は、エートス(倫理)の構造そのものに起因する。たしかに、目的は変化し、また、それは歴史的に条件づけられるが、倫理的振る舞いは、その多様性をとおして同じままである。そこに倫理的行為の不変性が存在する。歴史的社会の規範的構造は、歴史の時間を否定し、自己を安定させ、人間どうしの関係の安定性を維持する方向に向かう。こうした倫理の不変性は、社会の対立的緊張の結果としての惰性から生じたものである。「倫理的総体はまどろむことはない。それは力尽きるまで維持される。……あるいは、こういってよければ、規範的体系が社会制度一般を表わしているかぎり、それは常に時代遅れになっている」(Cornell. 50)。

ここでサルトルは、目的の歴史性と倫理的行為の惰性的不変性に、「倫理的逆説(paradoxe éthique)」を見る。すなわち、在るべきもの(devoir-être)と在るもの(être)、権利(droit)と事実(fait)、無条件(inconditionnel)と決まり文句(lieu commun)との共謀としての倫理的逆説は、次のように説明される。すなわち、社会的総体の倫理的目的をとおして不変性を求めるのは、前歴史的性格を有する反復的安定性に応じてではなく、あらゆる歴史的条件の乗り越えに応じてである。もっとも、こうした乗り越えは曖昧なものである。というのも、倫理的未来として、したがって純粋な未来として提出されるものは、たいてい維持されねばならない不変性として確立される「社会的過去(passé social)」以外の何ものでもないからである。だが、倫理的行為は、たとえ歴史的に条件づけられた目的をもっていようとも、たとえ歴史性の乗り越えをとおして歴史の状態を維持することを目指す不変性の制度であろうとも、したがって、至る所から条件づけられているように見えようとも、倫理的行為は「無条件的なものとして生きられる」(Cornell. 50)。「乗り越え不能性」は、実現されることとさえなしに、絶えず乗り越えられる。換言すれば、倫理的規範は実際にそれが行使されたあとも相変わらず乗り越え不能であり、それゆえ超歴史的であるが、それは歴史のなかに消えていく。たとえば、名誉という封建的倫理は、ある種の所有の規範的構造として乗り越え不能なものであり続けながら、新しい階級の興隆によって、過去のなかに滑り込む。新しい階級の現実的所有は、名誉をその規律としては含んでいない。

結局、エートス（倫理）の逆説に関するサルトルの講演は、三つの段階に分かれる。①目的の歴史性、②倫理的行為の不変性、③乗り越え不能なものの歴史への移行〔消滅〕、である。倫理的自由の無条件性は惰性の壁にぶつかり、さらに悪いことに、そうした壁以外の何ものでもないことが明らかとなる。「エートスの逆説は、加工されたものが自由に対して、自由の掟として現われることに由来する」(Cornell. 50)、また、無条件性は、結局、惰性的命令におけるものであるということに由来する、とサルトルはいう。

倫理は惰性に陥る。それでもサルトルは倫理を逆説として「引き受ける（assume）」。たとえ無条件的なものが条件づけられ、かつ条件づけるものであるとしても、無条件的なものは内側から無条件的なものとして「いかにも無条件的なもの」として生きられる。ところで、マルクス主義の努力は、規範の総体を「社会の理念的だが現実的な」(Cornell. 50) 構造にすることによって、逆説を「減少させる」ものである。生産様式や生産力といった「物質的基盤」が命令、態度、価値といったものの総体を出現させるかぎり、規範は現実的である。そして、そうした規範が人間によって「人間の子」へ規範の現実的指示対象なしに伝達されるかぎり、理念的である。もっともサルトルによれば、マルクス主義は、倫理的逆説の戯れをさまざまに表現し直しているにすぎない。サルトルにとって、倫理的逆説はまさに「乗り越えられない」ものなのである。

結び

倫理の無条件的可能性の問題は、結局、倫理的逆説の問題に収斂していくように思われる。そしてそれは、構造主義的マルクス主義に対する批判という形をとる。すでに、「一九六四年のローマ講演」においても、倫理的逆説については語られていた。それによれば、規範には二つの側面がある、という。すなわち、規範はわれわれを、外的決定にもかかわらず主体として生み出すことを可能にすると同時に、規範はわれわれのたんなる未来を過去の繰り返しに限定し、それによってわれわれの自己決定の方向を変え、それを失うことを可能にする（Rome 64. 12）。

ところが、構造主義に魅了された新実証主義的マルクス主義者たちは、こうした規範の二つの側面を否定し、規範をその惰性的側面に陥らせてしまう、とサルトルは指摘する。構造主義が出来事を客観的価値のあいだの未展開の闘争と見なすとき、構造主義は、ひとりひとりの道徳的体験を考慮に入れることができない。すなわち、構造主義は歴史を社会的システムの内的産物と見なす。ところがサルトルは、社会的システムが存在することは否定しないが、すなわち諸個人はシステム（過去の実践）の産物であるが、それと同時に、システムの産出者でもあるのである。

主体性の問題は、「一九六一年のローマ講演」のなかで集中的に論議された問題である。サルトルによれば、「闘争の流れにおいて、客観的契機の内部における存在の仕方としての主体的契機は、社会的生および歴史的過程の弁証法的発展にとって、絶対に不可欠のものである」（Rome 61. 39）。そして、

「コーネル大学講演」においても、サルトルは、倫理的逆説、すなわち理念的であると同時に現実的な規範、無条件と条件、目的と手段、権利と事実、永遠と歴史、自由と実践的惰性態を、歴史的前進の一義性へと還元しようとするマルクス主義者を、批判する。そしてサルトルは、倫理的逆説は乗り越えられない、と主張する。(5) というのも、倫理は「意志の自由な自律」であると同時に、「厳密な他律」であるからである (Cornell. 52)。

「第二の倫理学」の時期におけるサルトルにとって、倫理とは、自由(実践)と実践的惰性態とのあいだの弁証法的発展であった。その際、主体的契機は絶対に不可欠なものであった。そのことを、もう少し詳しく見ておかなければならない。

第三章　道徳性の根源──「欲求」の概念をめぐって

序

　サルトルが『弁証法的理性批判』第二巻（以下、『批判』第二巻と略記する）を起稿したのは、一九五八年のことである。だが、執筆はまもなく中断された。一九六二年になって、サルトルは執筆を再開するために、すでに書き溜めていた部分を読み返し、新たに加筆を施した。[1] しかしながら、『批判』第二巻は、結局、未完に終わり、しかもその草稿は日の目を見ることはなかった。遺稿となった『批判』第二巻が公刊されたのは、一九八五年のことである。ではいったい、この『批判』第二巻は、どのように読まれるべきであろうか。

『批判』第二巻は、『弁証法的理性批判』第一巻（以下、『批判』第一巻と略記する）（一九六〇年に刊行）の続きである。すなわち、『批判』第二巻は、『批判』第一巻で提出された基本的な概念を、具体的な歴史、たとえば二十世紀のソヴィエト連邦の歴史を例にとって、応用してみたものである。ところで、『批判』第二巻が書かれた時期は、サルトル思想の展開の時期としては、「第二の倫理学」を構想していた時期とほぼ重なる。したがって、『批判』第二巻を『批判』第一巻とともに、「第二の倫理学」との関連で読解してみることは、重要なことであるように思われる。[2]

さて、『批判』全体をとおしての基本的概念といえば、「実践（praxis）」とともに「欲求（besoin）」が挙げられよう。たとえば『批判』第一巻において、サルトルは、「すべては欲求のなかに見出される。それこそが人間という物質的存在と、人間をその一部として含む物質的総体とのあいだの、第一の全体化的関係なのである」（CRD I. 194――強調はサルトル）と、述べている。また、『批判』第二巻においても、「欲求によって……外面性の実践的布置と……社会の実践的布置とが、同時にまた次々と決定される」（CRD II. 287-288）と述べ、その際、欲求は、「生を救う、という乗り越えられない目的」（CRD II. 394）と同一視されている。本章では、この「欲求」の概念を手がかりにして、遺稿である『批判』第二巻を、『批判』第一巻、さらには「第二の倫理学」との関係で読み解く作業を行ないたい。

「第二の倫理学」に関していえば、この時期のサルトルが何より問題にしていたのは、「革命的実践（praxis révolutionnaire）」であった、と思われる。すなわち、サルトルは、人間たちが人間の実践によって作られたものとしての実践的惰性態（pratico-inerte）を、団結して自らの支配下に置き、その実践的惰性態をとおして、自分たちに共通した「欲求」を満たすことができるようになったとき、人間たちはさしあたり疎外を克服できる、と考えていたと思われる。そこで、もし『批判』のキー・ワードである「欲求」という概念を、改めて「第二の倫理学」のなかで位置づけてみるならば、[3]サルトルが目指していた「革命的実践」の概念がより明確になるものと思われる。そもそも、「一九六四年のローマ講演」において、サルトルは、「欲求は基本的実践を自律として生み出す」（Rome 64. 22-23）と語り、

「道徳性の根源は欲求のなかにある」(4)と述べていた。この時期のサルトルにとって、「欲求」は、間違いなくキー・ワードであった。

以下において、まず、『批判』第一巻における「欲求」の概念の意味を整理し、次に、『批判』第二巻における「欲求」の概念を吟味し、最後に、「一九六四年のローマ講演」における「欲求」の概念を、『批判』との関係で、さらには「第二の倫理学」との関係で、検討したい。

一　『弁証法的理性批判』第一巻における「欲求」の概念

『批判』第一巻は、人間を、『存在と無』のように自由な〈意識〉として定義することはなく、最初から、まったくの物質的な有機体として定義する。たとえば、消化や呼吸や排泄といった機能は、そうした機能自体の生物化学的法則に従って果たされるのであり、私の自由な〈選択〉によって完全に支配されることはない。健康な有機体にあって、そうした機能は、私の意識的選択とは別なところで、全体として支配され統一される。そうしたことは、いわば無意識に行なわれる。さらには、有機体の維持や成長は、物質的な欲求を満たすことによって果たされる。そうした欲求という衝動が存在しているということは、私の自由な意識にとっては、与り知らぬことである。サルトルにとって、そうした欲求の衝動こそ、環境に対峙するものとしての人間的有機体とは何かを明らかにしてくれるものであった。サルトルにとって、人間的有機体と他の有機体とを区別しているものは、人間的有機体の〈意識〉

である。といっても、その意識は、惰性的物質から区別された、自発的意識のことではない。かといって、その意識は、物質のたんなる受動的結果あるいは随伴現象でもない。このことは何を意味するであろうか。サルトルにとって、人間的有機体が「全面的に物質」（CRD I. 290）であることは間違いなく、したがって、『批判』第一巻におけるサルトルの立場は、「物質性の一元論」（CRD I. 291）といえる。というのも、もし人間的有機体が全面的に物質でなかったなら、一方で、人間的有機体が物質に働きかける、ということも理解できなくなるし、他方で、物質が人間的有機体に働きかける、ということも理解できなくなるからである。しかしながら、それと同時に、もしも人間的有機体が物質性としての環境・状況（＝実践的惰性態）の全体化的乗り越えのなかでおのれの条件を生きる一つの特殊な存在者でなかったなら、物質的世界が存在するということ自体が理解できなくなる。

こうして、『批判』第一巻において、物質である人間的有機体の意識は、状況を乗り越える能力によって、すなわち状況から身を引き離し未来の目標に向かう能力によって、特徴づけられる。それが、目的を明確にもった意識的な活動としての自由な実践と呼ばれるものであり、そうした実践を突き動かしているものが、「欲求」なのである。以下において、『批判』第一巻における「欲求」の概念の意味を整理しておこう。

第一に、「欲求」の概念は、動機（mobiles）や投企（projet）とほぼ同じ意味をもつものとして使われている。たとえば、次のように書かれている。「政治的、社会的行動の曖昧さは、たいていは、一方で、欲求、行為の動機、直接的投企と——他方で、社会的分野の集団的器具、つまり実践の道具、とのあいだの深い矛盾の結果として生まれる」（CRD I. 93 ——強調はサルトル）。この場合、欲求、動機、投企とはどんな内容をもつものなのであろうか。サルトルの例によれば、それはフランス革命のときのサンキュロットたちの欲求、動機、投企である。民衆たちは飢えており、食べたがっていた。それが、欲求であり、動機であり、投企である。そして、こうした欲求などが、実践の発展としての弁証法を構成しているのである。「弁証法は、それ自体で、実践の発展であり、また、実践はそれ自体、欲求や超越（transcendance）や投企なしには理解できない」（CRD I. 126-127）。

第二に、欲求は否定作用（négation）である。欲求は、稀少性（rareté＝生活物資の不足）と対峙することによって、否定作用を立てる。「欲求はそれ自体、不足〔欠如〕（manque）の最初の否定である」（CRD I. 199）。その意味で、欲求は、不足という否定状態の否定である。犠牲に供されている（稀少性によって否定されている）集団は、「その否定を否定することによって、実践の水準において反応するのではなく、たんに欲求という否定の否定によってのみ反応する」（CRD I. 261 ――強調はサルトル）。

第三に、そうした欲求から生まれた実践は、それ自身の目的へ向かう運動によって、実践的に環境を全体性（totalité）へと変える、全体化作用（totalisation）である。欲求とは全体性としておのれを表わす生きた全体性、そしてまた、物質的環境を欲求充足の可能性の全体的な場として無限に開示する生きた全体性以外の何ものでもない。そのような「欲求をもった人間は、有機的全体性であり、そうした全体性は、絶えず外面性の環境のなかで自らをそれ自身の道具となす。……有機体が自分自身の惰性を惰性的物質と自分の欲求とのあいだの媒体と見なすや否や、道具性、目的、労働は一緒に与えられる」（CRD I. 195-196）。

第四に、欲求は目標（but）である。サルトルの表現によれば、欲求は、「到達すべき目標の生きられた開示（dévoilement vécu）であり、そうした開示は、有機体の再興以外の何ものでもない」（CRD I. 203）。換言すれば、欲求は、現実的目標（objectif réel）である。『批判』第一巻にあっては、人間の観念とは、「組織集団（groupe institutionalisé）」のなかでは、集団の観念、すなわち共同的個人（individu commun）の観念のことにほかならない。「組織集団」において、各人は全員の主宰権の主宰者であるが、同時に内面性において各実践的総合の有機体的な対象であるかぎり、各人は準主宰者であり、準対象である、というべきである（いわゆる同胞性＝恐怖 fraternité-terreur）。この「同胞性＝恐怖は、特殊な規範によって表わされているかぎり、この特異の色合いを現実的目標から、すなわち欲求や危険から、引き出す」（CRD I. 594）。

以上のように、その根底に欲求をいだく人間は、まず状況（環境）の乗り越えによって、他人が彼をそうあらしめたものによって彼が何を作ることができるかによって特徴づけられる。「そうした乗り越えを、われわれは、人間的なものの根底に、何よりも欲求に見出す」（CRD I. 76）。乗り越えとは、たとえば、集団の構造的事実としてのマルケサス群島（南太平洋の群島）の女性の稀少性を、婚姻制度としての一夫多妻制に結びつけることである。状況を乗り越えようとする欲求に人間的実践のすべてが見出される、と考えるサルトルにとって、「それこそが人間という物質的存在と、人間をその一部として含む物質的総体とのあいだの、第一の全体化的関係なのである」（CRD I. 194）ということになる。そして、その欲求によって、「物質のなかに第一の否定の否定と、第一の全体化とが現われてくるのである。欲求とは、それが有機体の内部における一つの不足〔欠如〕として告知されるという意味では否定の否定であり、それによって有機的全体性がそういうものとして自己を保存しようとするという意味では肯定性である」(CRD I. 194 ――強調はサルトル)。

では、次に、以上のような意味を有する『批判』第一巻における「欲求」の概念が、『批判』第二巻では、どのように扱われているかを見てみよう。

二 『弁証法的理性批判』第二巻における「欲求」の概念

実は、『批判』第二巻の中身は、スターリンをとおしてのソヴィエト連邦についての詳細な歴史研究である。そうした歴史研究において、個人の選択がどの程度、歴史の運動に影響を与えているかについては、明確には語られていない。それと関連して、道徳的評価というものが、個人や個人をそのなかに含んでいる歴史に対してなされうるのか否かが、十分に語られていない。すなわち、残忍な政策を遂行したとサルトルも認めている共産党を、道徳的に批判することが控えられているのである。

サルトルによれば、革命のあと、ソヴィエト連邦は以下のような状況にあった。すなわち、ソヴィエト連邦は、急いで工業化することによって、大衆を貧困から解放し、革命を外敵から守らねばならなかった。そのためには大量の労働者を必要とした。しかしながら、内戦により都市労働者は殺され、外国人が大量にソヴィエト連邦へと移住してきたことにより、革命は弱められた。そこで、無数の農民が、労働力として徴用された。しかし、彼らは文字が読めず、教養がなく、田舎風であり、工業化する都市の規律に適応しなかったので、エリート階級は、力ずくで農民たちを教育し、彼らに文化的変容を起こさせ、工業化社会に溶け込ませる必要があった。そうしたなかで、権力がスターリンに集中していった。大衆の解放という革命的実践の目標は、以上のような二十世紀前半のソヴィエト連邦の原初的状況のゆえに、厳格なヒエラルキーをもつ社会、官僚的な社会へと逸脱していったのである。他の選択は不可能であった。しかしながら、サルトルによれば、大衆にも指導者にも他の選択肢がなかったとしても、自由な人間的実践を、ソヴィエト連邦の歴史の究極的源泉と考えるべきである。

『批判』第二巻における、以上のような問題、すなわちソヴィエト連邦と道徳性の問題と、自由な人間的実践の問題とが、「第二の倫理学」に取り込まれていくはずである。もっとも、前者の問題は、本章の課題と少しずれるので、ここでは後者の問題に焦点を当て、「欲求」との関係で論じていきたい。だが、その前に、以下において、『批判』第二巻における、「欲求」の概念を吟味してみることにしよう。

さて、『批判』第二巻の後半部（全体の三分の二あたり）に至り、それまでの歴史研究から、存在論的考察へと主題が移り、対自や即自といった術語が導入されてくる。もっとも、当然のこととして、『存在と無』とは異なり、対自は、意識から具体的な人間的有機体へと変化する。そして、人間的有機体と即自との関係は、たんなる否定や無化ではなく、弁証法的相互関係である。人間的有機体はその欲求を満たすために、即自（環境）に働きかけねばならない。ということは、弁証法的過程の全体は、人間的実践の随伴現象ではなく、原理上、部分的に人間の知識や支配の外にある絶対的現実であることを意味している。すなわち、人間が弁証法的に条件づけられるのは、人間が環境（自然）に課した構造によってばかりか、環境（自然）そのものに固有の構造によってでもある、ということになる。したがって、人間的有機体がいつか環境すなわち実践的惰性態を支配できるようになり、人間存在が自己自身の産物になる、という期待（目標）は、基本的に誤ったものとなる。

しかしながら、『批判』第二巻の末尾（CRD II. 393-401）で、サルトルは興味深い論点を提出している。それは以下のようなものである。すなわち、確かに、人間的有機体に対する実践的惰性態の影響力が、おのれの目的実現へと向かう人間的有機体によって支配されること、すなわち人間的有機体が自己自身の産物を完全に支配することは、不可能であるけれども、しかしながら、そうした産物を人間的有機体の欲求を満たすために使うことはできる、という論点である。サルトルによれば、欲求が社会の経済的構造を条件づけているのである。すなわち、「実践的惰性態も、抑圧も、搾取も、この疎外も、巨大で重い社会経済的装置が欲求によって支えられ、条件づけられ、働きかけられていないなら、可能ではない」（CRD II. 398 ── 強調はサルトル）。そして、とりわけここで注目すべきことは、欲求が、「生の永続化という常に同一の乗り越えられない目標」[5]（CRD II. 399）と見なされている、という点である。この点に、前節で確認した『批判』第一巻における「欲求」の意味（とりわけそのなかの第四の意味）との親近性が見られる。そして、そうした意味が、自由な人間的実践の問題と絡んで、一九六〇年代に展開される「第二の倫理学」につながっていった、と思われる。

『批判』第二巻の最後のページで、サルトルは、次のように述べている。すなわち、人間は疎外され、物化されている、という意味で、「惰性的総合である。だがまさに、実践は、人間や他のものすべてがそのことだけに制限されていることを許さない。活動は、物質による（また、自明のことだが、人間たちによる）活動自体の疎外と闘う」（CRD II. 401 ── 強調はサルトル）。人間は、欲求が満たされないかぎり、闘い続けるのである。

ここで、『批判』第二巻における「欲求」の概念の意味を、もう少し詳しく見てみよう。サルトルによれば、満たされるべき欲求は、「労働と実践的領野の統一化とをとおして、人間による生命のない物質（要するに実践的惰性態）の支配に厳密に比例した、加工された物質による人間の支配を生み出す」（CRD II. 287）ものとして、捉えられている。そして、そうした欲求によって、外面性の実践的布置（道具や技術と連携して、また、すでに構造化されている社会的総体の欲求にもとづいて、「自然的」データを総合的に集積することによって、外的可能性を解明すること、すなわち資源の地理学）と、社会の実践的布置（技術や孤立化などにもとづく労働の分業）とが、同時にまた次々と決定されるのである。このように、欲求が人間の活動全体を決定するのであるが、その際、その決定は二重である。すなわち、活動による欲求の乗り越えと、欲求の保存とからなっている。すなわち、「活動は、欲求を満たすために欲求を乗り越える、また、活動は、おのれのうちに欲求をおのれの緊急性として、おのれの唯一無二の現実として保存する」（CRD II. 399）。こうした二重の決定を、サルトルは、「唯物論の根本的可知性」（CRD II. 400）として捉える。

内面性において器官によって体験された稀少性は、自らを有機体の否定的決定として生み出す非有機的なものである。そして、そうした稀少性すなわち欠落（lacune）は、有機体全体がそれによって変容させられるかぎり、欲求である。だが、欲求は、自らの除去を絶対的目的として、非有機的環境をとおして立てるものであるかぎり、物質的活動、現実的活動、実質的活動、緊急的活動である。

「乗り越えられない目標」としての欲求に根づいた活動である人間的実践が、歴史の原動力であるかぎり（人間的有機体の「欲求」が社会の経済的構造を条件づけている、ということ）、人間的有機体は、抑圧や、堕落や、実践的惰性態による支配に完全に服するものではない。むしろ、実践的惰性態は、人間の自由を脅かすものではなく、人間を幸福へと導く積極的な道具となるかもしれない。[6]では、いったい、「乗り越えられない目標」として立てられた欲求を充足させるべく活動する自由な人間的有機体は、「第二の倫理学」においては、どのように扱われているであろうか。本書の第二部第一章「二つの『ローマ講演』――道徳と政治」と重なる部分も出てこようが、「一九六四年のローマ講演」を見てみよう。

三　「一九六四年のローマ講演」と「欲求」の概念

「一九六四年のローマ講演」の内容は、『批判』第二巻のそれと類似している。「一九六四年のローマ講演」の第一節では、ソヴィエト連邦が、第二十回党大会において道徳性が復活させられるまで、一九一七年の革命以来「道徳に休暇をとらせる」[7](Rome 64.11) 政策を続けた、という主張がなされる。このように、すでに前節で暗示しておいたように、『批判』第二巻の内容は、「第二の倫理学」にそのまま取り込まれていくのであるが、本章では、いわゆるスターリン主義の問題をその課題としているわけではないので、第二十回党大会の問題は脇に置くことにして、「欲求」の概念との関係で、「第二の倫理学」についての検討を行ないたい。

「一九六四年のローマ講演」の第三節には、「倫理的なものの根源」というタイトルが付けられているが、その「倫理的なものの根源」とは、まさに「欲求」のことであった。欲求こそ、「第一の規範的構造[8]」(Rome 64. 22) なのである。サルトルによれば、「欲求は根本的実践を自律として生み出す」(Rome 64. 22-23)。欲求は、人間的生の不可能性に立ち向かう。というのも、状況が逼迫している場合、たとえば、生活物資が不足している場合、何もしなければわれわれは死んでしまうからである。したがって、実践は、欲求によって投企された未来からやってくる。欲求の対象は、現在において与えられるのではなく、未来において与えられる。この未来は、サルトルによれば、「無条件的に可能な純粋な未来 (le pur future inconditionnellement possible)」のことである。欲求は、人間的自律の無条件的未来を切望する。有機体は、そうした欲求をとおして状況を否定し、乗り越え、そしておのれの全体性をおのれ自身の絶対的目的として、そうあるべき義務として確証する。したがって、われわれは、欲求をとおして、道徳的規範が義務的、命令的なものであることを経験する。

結局、サルトルによれば、以下のようにいえる。すなわち、「道徳性の根源は欲求のなかにある、すなわち人間の動物性のなかにある。……欲求は、人間を人間自身の目的として、実践を労働をとおしての支配として、定立する[9]」(Rome 64. 23)。そうした欲求は、「人間の生物学的欲求 (besoin biologique humain)」(Rome 64. 20) とも呼ばれる。たとえば、植民地主義者たちによって抑圧されている人びとには、植民地主義によって課せられた自分たちの非人間的地位を、人間の名の下に拒否する「抑えがたい力」(Rome 64. 22) が備わっている、という。その「抑えがたい力」とは「欲求」のことなのである。それこそが、「倫理の真の根源である」(Rome 64. 22)。規範の典型である、無条件に可能な純粋な未来は、いまや、欲求に由来するものとして、すなわちそのなかでおのれの欠落を埋めることのできる未来に向かう力としての欲求に由来するものとして、捉えられる。このあたりに、初期の実存主義的思想傾向からの影響が見られる、といえるかもしれない[10]。ではいったい、欲求は未来の何に向かおうとするのであろうか。

サルトルにとって、実践はすべて、無条件的未来や無条件的目標として、「全体的人間（homme intégral）」になろうとする目標をもつ。「全体的人間」とは、「人間以下の（sous-humain）」状態に留め置かれている人間が、全面的に人間的な生活を獲得すべく求めるものであるが、そうした叫びにも似た欲求が、道徳的規範の無条件的性格を形作っているのである。人間が、人間的種の成員として定義されるかぎり、人間として共通にもっている究極的規範、それが「全体的人間」である。

一八四八年のリヨンの製糸工場で蜂起した労働者は、「働きながら生きる、さもなければ闘いながら死ぬ」を格率として掲げた。人間以下の状態に留め置かれた者は、完全な人格を保証されることを求める。その際、人間以下の状態に留め置かれた者は、そこから出発して、人間存在として生きることがあらゆる人間にとって将来の一つの可能性となるべく、要求するのである。したがって、サルトルにとって、社会の基準とは、プロレタリアートの基準――最も根本的な基準は、欲求、労働、階級闘争である――によって条件づけられたもの、である。もっとも、サルトルは、道徳的観点から見て正当な区別とは、自らが属する階級の違いにより与えられた運命が受け入れられるか否かということ、あるいは運命に対して闘いが挑まれるか否か、という点にある、と述べる。すなわち、サルトルにとって、有意味な規範的区別とは、「実践的惰性態と実践とのあいだの区別であり、ブルジョアジーとプロレタリアートとのあいだの区別ではない」。すでに指摘しておいたように、階級闘争の位置づけは、サルトルにおいて微妙な問題である。[11] したがって、ここではその問題は脇において置くこととして、「欲求」の概念にもう一度焦点を当て直そう。

サルトルによれば、人間以下の状態に留め置かれている者（二月革命における労働者、サリドマイドの使用によって奇形児を生んだ母親たち、植民地主義者によって支配されていたアルジェリアの人民、など）、すなわち抑圧されている者も、また、彼らを抑圧している者（たとえば、フランス本国から命を受けてアルジェリアに駐留しているフランス兵）も、ともに、疎外された倫理が真の目標を制限する、ということを知っている。そこで、抑圧されている者と彼らを抑圧している者とが一緒になって植民地主義者と闘うとき、すなわち、人間たちが団結して実践的惰性態を支配下に置き、実践的惰性態を人間たちに共通の欲求を満たすために使用し、支配したとき、全体的人間という目標は達成され、革命は成功するのである。このように、サルトルにおいて、「革命的実践」は欲求の充足として達成されるのである。

「革命的実践」にとって理想とされる社会とは、人間たちが統合され、そのために実践的惰性態は形成されるや解消されてしまうような社会である。そうした社会は、経済構造（たとえば稀少性）や疎外された道徳性（たとえば植民地主義）が人間を生み出すような社会ではなく、「共同的決定（communal decision）」[12] をとおして、人間が自分自身を生み出すような社会である。もっとも、サルトルによれば、社会主義社会といえども実践的惰性的構造をもっている。それを避けることはできない。したがって、むしろそれを利用しなければならない。実践的惰性的構造は、人間的欲求を満足させるための道具なのである。

結び

本章では、「欲求」の概念を、『批判』第一巻および第二巻、さらには、「一九六四年のローマ講演」を通覧することによって、検討してきた。[13] そうした検討をとおして、サルトルにとって「欲求」が人間的実践の根源にあるもの、すなわち道徳性の根源にあるものである、ということが確認された。そして同時に、そのことが「第二の倫理学」につながっていく仕儀も確認された。

「革命的実践」を行なう主体は、常に、部分的には、直接的に個人的主体である、というのがサルトルの立場である。サルトルにとって、個人と個人がそれと不可分の部分を構成している共同体とは、互いに浸透しあって、人類全体へと向かう。そのとき、社会システムを変えることができる。そうした実践の出発点（根源）に、「欲求」があるのである。本章においてすでに言及したように、『批判』第二巻の後半で、歴史研究から存在論的考察へと転じ、無条件的未来を欲せざるをえない自由な人間的有機体（個人）といった、初期の実存主義的立場を彷彿とさせる議論を提示し、それが「第二の倫理学」における一連の「講演」のなかで倫理学説として展開されていった。そのことに注目したい。なぜなら、そこに、「第一の倫理学」（一九四〇年代の後半――『存在と無』の続き）、「第二の倫理学」（一九六〇年代の前半――『批判』第一巻の続き）、そして「第三の倫理学」（一九七〇年代）[14] と展開していった、一連の日の目を見なかったサルトルの倫理学的考察（遺稿の形でわれわれに委ねられた倫理学）を解明するための鍵があるように思われるからである。

第三部　サルトルの倫理思想の可能性

第一章　サルトルの真理論

序

絶対者たる神の存在が信じられていた時代には、われわれは、神の啓示によって真理を捉えることができた。ところが、二十世紀のサルトルの実存主義は、神の啓示を前提としていない。その場合、真理の保証はどうなるであろうか。

さて、サルトルの実存主義といえば、選択あるいは決断といった個人の主体的行為を重んじる哲学、とされている。ではそのとき、個人は、何に従って行為しているのであろうか。サルトルによれば、個人にとって、行為の基準（価値判断の根拠）があらかじめあるわけではない。むしろ個人は、自らの選択行為をとおして、価値を作り出していくのである。そうはいっても、何の基準もなしに行為することができるであろうか。もしできるとすれば、われわれの行為はまったく恣意的なものになってしまい、したがって、そこから作り出される価値は、妥当性を欠いたものになってしまうのではないだろうか。こうした問題について、サルトルは、たとえば『実存主義はヒューマニズムである』において、各人がそのつど作り出すものである価値というものに根拠などないではないか、という反論に、いとも簡単に同意を与えている。「残念だが、そのとおりだ」、と。そしてそれに付け加えて、「しかし私が父なる神を抹殺したとすれば、誰かが価値を作り出さなければならない」(EH. 89) とも述べている。結局、サルトルは、価値判断の根拠という問題を、不問に付しているのである。

たしかに、サルトルにおいて、神の死が前提にされている以上、絶対的価値、普遍的妥当性をもった価値など存在するはずがない。それにしても、われわれは、行為する際、行為を導くなにがしかの〈価値の直観〉といったものをもっているはずである。ちょうど、芸術家が、超越的規範(モデル)がなくとも芸術作品を創造することができるように。

ところで、真理の問題は、価値判断の根拠を問うことに尽きるのだろうか。そもそも、真理の問題に関しては、古代ギリシア以来、「ものと知との一致(adaequatio rei et intellectus)」、すなわち対象と認識との一致という真理概念が、伝統的なものとされている。そして、そうした立場において、神の啓示というような事柄は、少なくとも直接的には関係してこないのである。そこではもっぱら、理論的判断の根拠が問われているのである。換言すれば、価値ではなく、存在が問題にされているのである。ではサルトルは、理論的判断の根拠(真理性)については、どのように考えていたのであろうか。

サルトルの死後、次々に遺稿が公刊されたが、それも一段落した一九八九年、『真理と実存(Vérité et existence)』と題されたテクストが公刊された。そのテクストによれば、〈真理(Vérité)〉は〈存在(Être)〉と同義語である、という。すなわち、存在するものはすべて真理の形をとる、という。たとえば、これらの木、これらのテーブル、これらの窓、これらの本など、つまりわれわれを取り囲んでいるものはすべて、真理という形式の下に現われる、というわけである。このことを、サルトルは、「魚が水のなかに住んでいるように、対自（pour-soi）は真理のなかに住んでいる」（VE. 16）と、表現している。(1) こうしたサルトルの真理論は、哲学的真理論の歴史のなかで、いかなる位置を占めているであろうか。また、そうした真理論は、本章の冒頭で論じたような神の不在を前提にしたサルトルの実存主義と、いかなる関係にあるであろうか。

そこで、以下において、まず、『真理と実存』におけるサルトルの真理論を検討し、次に、そうした真理論と彼の実存的倫理との関係を、とりわけ一九八三年に公刊された同じく遺稿である『倫理学ノート』を踏まえて、考察してみたい。一般的には、理論的判断の真理性と価値判断の真理性とは、分けて考察した方が理解しやすいのかもしれない。しかし、真理とは何かを問題にする場合、両者を別のものとしてすますことはできない。(2) そもそも『真理と実存』は、十冊にも及ぶ『倫理学ノート』のなかの一部として書かれたものだったのであるから。(3)

一　対自に対して現われた即自としての真理

『真理と実存』は、真理は人間（＝意識）によって明るみに出されるものである、という主張で一貫している。「真理は意識によって〈存在〉にやってくるある次元である」（VE. 19）。ここで、この言葉を少し詳しく検討してみよう。

さて、サルトルによれば、〈存在〉はそれ自体としては、暗闇である。〈存在〉を暗闇から引き出すのは、人間（＝意識）である。〈存在〉は、明るみに出されたとき、新しい次元を与えられる。そのときの〈存在〉が、真理と呼ばれるものなのである。真理は一つの「絶対的出来事（événement absolu）」であり、そうした出来事の現われは、人間存在（réalité-humaine）や歴史の出現と一致する。真理は〈存在〉の歴史である。というのも、真理は、〈存在〉の前進的開示（dévoilement progressif）だからである。したがって、真理は、人間（＝意識）とともに消える。そのとき〈存在〉は、再び日付のない暗闇のなかに陥る。

このようにサルトルは、真理というものを、人間による〈存在〉の時間化、と捉えている。「真理は、絶対‐主観によって新しい存在次元としての前進的開示が与えられるかぎりにおける〈存在〉の、その時間化である」（VE. 19-21）(4)。サルトルにとって、真理とは、抽象的真理を論理的、普遍的に構成することではない。真理とは、絶対的主観によって与えられる絶対的なものである。人はそうした絶対的真理を、他人に与えるのである。「開示することによって、私は、在るところのものを創造する。真理を与えることによって、私は、すでに君に差し出されていたものを君に与える」（VE. 62）。そのような真理を、サルトルは、「生き生きした（vivante）」真理と呼ぶ（VE. 35, 120）。

たとえば、ガリレイの時代の地球の自転、ハーヴェイの時代の血液循環、ニュートンの時代の万有引力は、生き生きした真理であったとされる。しかしながら、それらの真理も、次の世代の人びとにとっては事実となる。つまりそれは、永久的真理という名の「死んだ（morte）真理」、「〈即自〉（En-soi）に戻った真理」（VE. 35, 120）となる。死んだ真理は、普遍性をもつが、しかしながら、誰の関心もひかない。ともすれば、人は真理について語りたがる。それは真理を、一種の固定したものと捉えることである（強調は筆者）。ところが、真理は、「なったもの（devenue）」ではなく、「なりつつあるもの（devenante）」である（VE. 35）。真理とは、各人が選びとらなければならないものである。真理は、決定されるべきもの、求められるべきもの、なのである。「真理は行為による照明（illumination）であるので、そして、行為は選択であるので、私は真理を決定し、真理を欲しなければならない」（VE. 59）と、サルトルは主張する。

このように、サルトルにとって、真理とは、人間（＝意識）によって〈存在〉が照らし出されることである。だが、そのようにして照らし出された真理について語ることは、もはやサルトルの関心事とはならない。サルトルは、真理を、各人によって発見されるかぎりにおいてのみ、問題にするのである。そのことをサルトル流の表現を使えば、「真理は、対自（pour-soi）に対して現われた即自（en-soi）である」（VE. 23）ということになる。実はこれは、たんに表現上の問題としてだけではなく、中身の問題としても意味をもってくる。というのも、サルトルは、真理の問題を、即自と対自との関係の問題として捉えているからである。すなわち、『存在と無』の表現を借りるなら、真理は、「即自と対自とのあいだの典型的な関係としての認識」（EN. 220 sqq.）だからである。

『真理と実存』によれば、個々の意識が（絶対的に）対自であるのは、それが即自の意識であるかぎりにおいてのことである。そして即自は、決してそれ自身にとって即自であるのではなく、それであらざるものである意識にとって即自である。そのとき、認識（connaissance）が現われるのである。したがって、サルトルにとって、真理は人間によって発見されるものだとはいえ、真理をわれわれの意識に内在させる立場、たとえば自己意識の確実性に真理を見るデカルトの立場を、サルトルは踏襲しない。サルトルはそうした内省的立場を棄て、自己を超越し、自己以外の存在との関係のうちに、真理を捉えようとするのである。「コギトの次元で真理について語っても無駄になる。なぜなら、われわれは、存在・実存（*être*/existence）しか有していないからである」（VE. 19 ── 強調はサルトル）。真理の本質は、「存在がある（il y a de l'être）」というときの「ある（il y a）」なのである。真理への愛は、〈存在〉への愛であり、〈存在〉の現前化機能への愛である。

さて、サルトルによれば、そうした〈存在〉の解明は、〈非存在〉から出発してなされる（VE. 47 sqq.）。ここで、そのことを少し詳しく見てみよう。

サルトルによれば、たとえば、フランスという国家の現状は、そうあってほしいと〔私が〕欲するところから出発して、すなわち、そうなるようにさせようと〔私が〕目論んでいるところから出発して、理解される。換言すれば、いまだそうではあらぬところの、つまりいまだ存在していないところのフランス国家の姿をとおして、現在のフランスが理解される。こうして〈非存在〉が、直接的に真理の構造として、つまり〈存在〉の解明として、介在してくるのである。その結果、サルトルによれば、〈存在〉は常に、在らぬもののふところに宙吊りになっているように見える。ここに、真理の暫定的性格、真理の不安定性が明らかになってくる。

ところで、サルトルによれば、プラトン以来、真理と〈存在〉、誤謬（erreur）と〈非存在（Non-Être）〉とを同一視するのが習わしとなっている。それに従えば、〈非存在〉による〈存在〉の解明は、誤謬による真理の解明、と言い換えられよう。誤謬をとおして真理は現れるのである。長い誤謬の旅の果てに、真理は現れるのである。そうした過程を、サルトルは、「検証（vérification）」と呼ぶ。たとえば、「塩入れ（salière）」であると見られていたものが、はたせるかな「塩入れ」であることが検証〔確認〕されたとき、真理が現れるのである。「対象の検証された応答の総体が、対象の真理を、もちろんそうした投企の光のもとでの対象の真理を、構成する」（VE. 51 ――強調はサルトル）。

こうした検証、すなわち「肯定的検証」の過程そのものが、真理と呼ばれるものなのである。サルトルは、「プディングの真理は食べられるところにある〔プディングの味は食べてから〕」というW・ジェームズの言葉をまねて、「塩入れ」の真理は、それを肉に振りかけ、それが振りかけられた肉を食べてみれば現れる（塩辛い味がする）、と述べている。食事のあいだじゅう、「塩入れ」を使っているかぎり、すなわち検証しているかぎり、真理は現れている。「検証は循環的で連続した過程である」（VE. 55）。だが、もし「塩入れ」の中身が甘いとき（砂糖が入っているとき）、検証は「否定的」なものになる。そのとき、検証は中止され、そして誤謬が現れる、という。つまり、誤謬は、最初の予測（anticipation）を越えた帰結、問いの範囲を越えた答え、といえるであろう。しかしながら、そうした帰結（答え）によって、新しい予測（問い）がなされるようになる。そういう意味では、誤謬は存在しない、といえるであろう。したがって、「どんな誤謬も、一時的なものである」（VE. 57 ――強調はサルトル）。というのも、検証は常に再開されるからである。しかし、真理もまた暫定的なものである。なぜなら、真理は、検証を絶えず再修正する運動以外の何ものでもないからである。

このように見てくると、サルトルのいう真理には、内在的現実性、固有の実体的存在がないということがわかってくる。(5) アルキメデスの原理は、船が水に浮かんでいるあいだだけは、すなわち浮力が検証されているかぎりは、真理である。だが、船が陸に引き上げられるなら、すなわち検証が中止されるなら、真理は消滅する。ところで、こうした議論の進め方は、『存在と無』におけるそれと酷似している。たとえば、サルトルは、「無」は「意味作用をもった人間的態度」(EN. 39)が世界に対してもつ関係、と捉えている。したがって、破壊という現象も、「もはや〜ない」という形で現在と過去とを比較するひとりの証人が介在してはじめて、破壊がなされた、といえるのである。同様に、サルトルにおいて、真理の出現も、対象を検証するひとりの人間に依存している。サルトルの真理論は、観念論的、人間中心的真理論の典型、といえるであろう。ただし、すでに指摘したように、それは決して、デカルト流の内在主義に与するものではなかった。それは、即自と対自という二つの存在を基調とする現象学的存在論の立場に立つ真理論である。それにしても、そのような真理論は、どのような形で、価値判断の根拠を不問に付すような、つまりは神の不在を前提にした実存主義と結びつくのであろうか。

二　知（真理）と無知との対立としての真理論

真理は、対自に対して現われた即自であった。つまり、私（意識）と世界との関係そのものであった。それは、一つの行為（作用）、しかも私の自由な行為である。「真理は、行為、私の自由な行為である」(VE. 67)。真理とは、際限なく検証すること、知ること（savoir）である。それに対して、知らないこと（ignorer）もできる。それをサルトルは、「無知（ignorance）」と呼ぶ。さらには、知らないことを気にしないことさえある。それは、「極限の無知（ignorance-limite）」（VE. 76 sqq.）と呼ばれる。それは、投企としての無知の「理想態（idéal）」である。それは、〈存在〉とのあらゆる関係を除去することによって、知らないという自分自身の意識を除去し、かくして即自との不都合な関係（とりわけ、身体に対する即自の脅威、たとえば病気）のすべてを破棄することを、象徴している。もっとも、そのような理想態は実現されえない。人は、通常、知らないということを知っている。何を知らないかさえ知っている。

サルトルが使った例に即して見てみよう。たとえば、ある人が病院に行かないのは、医者が自分に病気を明らかにするのではないかと恐れるからである。したがって、その人が知ろうとしないものとは、まさに病気のことである。だが実は、その人は、自分が病気かもしれないということを知っている。あるいは、そのことを知ろうとしている。だが、人は、病気の可能性を忘れたい。たとえ病気という真理が現実化されるとしても、その真理を知らないでいたい。「真理を知りたくない気持ちは、必ず、真理が存在するということの否定に転化される」（VE. 82）。

ここまで説明すればもう明らかなことかもしれないが、サルトルがいう無知は、自己欺瞞と大いに関係がある。「かくしてわれわれは、無知のなかに、自己欺瞞の引き裂かれた世界を再び見出す。要するに、無知は、〈存在〉にかかわることの拒否である」（VE. 76）。端的にいって、「無知は、矛盾であり、自己欺瞞である」（VE. 69）。ところで、自己欺瞞に陥っている人は、自由を嫌い、既成の法則を外部から借用する。自己欺瞞に陥っている人は、自らの自由を拒否する。それゆえ、「知りたくないという気持ちは、自由であることの拒否である」（VE. 97）。同時に、無知は「責任の拒否」（VE. 98）である。そのことを逆にいえば、責任を感じる気持ちが少なければ少ないほど、知ろうとする欲求も少なくなる、というわけである。つまり、責任を解除された状況にある人は、真理に対していかなる関心も払わないのである。そのような人は、他人から真理を与えられることに甘んじている。

無知とは、現実から目をそらし、耳をふさいでいる状態である。知ろうとしない人、病気を疑おうとしない人にとっては、咳も熱もあるいは喀血も意味をもたない（サルトルは、病気の例として、結核患者を挙げている）。知らないということは、「〈存在〉を前にして、有限性、忘却、死、受動性の観点をとることである」（VE. 73）。しかし、無知とはあくまでもそれを装うものであり、本当に無知であり続けることはできない。人がおのれの自由を行使するなら、すなわち自らの存在を無限に追求するなら、最後まで自分の病気を知らないでいることはできない。しかしながら、人は誰でも自己の条件を最後まで生き抜くことはせず、どこかでごまかすものである。サルトルは、そのような人を、自己欺瞞に陥っている人間、非本来的人間と呼び、非難する。人は、自己欺瞞を脱して、本来性（authenticité）に向かって自己を選択しなければならない、これが前期（『存在と無』を中心とする時期）のサルトル哲学（倫理学）の要諦であった。人は、状況を自覚し、責任と危険を引き受けるとき、本来性に到達できるのである。そして、こうした本来性に向かって自己を選択することが、自由そのものなのである。自由とは、自分が作ったわけではないもの、望んだわけではないもの（たとえば病気）について、あとで責任をとることである。すなわち、自由とは、「自分が作ったものでないものを引き受けること」（VE. 88）なのである。

このようにして、有限性に立脚する無知と、無限性に立脚する知（真理）の対立という構図をとりながら展開していくサルトルの真理論は、自由、そして本来性という、サルトル哲学（倫理学）の根本問題へと収斂していく。と同時に、即自と対自という二つの存在を基調とする現象学的存在論よりなされる真理論は、モラル論になっていく。というのも、無知という自由でありえない状態に陥っている人は、一つの挫折（échec）を体験しているのであり、そもそも「モラルは挫折の気分のなかで生じる」（CM. 19）ものであったからである。サルトルにとって、挫折こそが、われわれを倫理的振舞いへと導くものであった。「挫折が〔人を〕回心（conversion）に導く」（CM. 42）ものである。ところで、たった今引用した文章は、『倫理学ノート』からのものである。本章の「序」ですでに指摘したように、『真理と実存』は、十冊にも及ぶ『倫理学ノート』のなかの一冊として遺されたものであった以上、サルトルの真理論が、モラル論と関係があるということは、大いに予想されることであった。そこで、次に、無知の問題を中心にして、サルトルの真理論がどのような点でモラルの問題と結びつくかを見てみたい。

『倫理学ノート』のなかに、「無知と挫折」と題された一節がある。(6) そこにおいて、無知は、〈私〉と〈他者〉との相互関係として捉えられている。「無知は、人間相互の関係の様相である」（CM. 306）。したがって、自由の拒否としての無知も、他者との関係で捉えられている。すなわち、「無知は、私の自由の否定として、他者によってやってくる」（CM. 313）。これは、『真理と実存』の表現を使えば、他者に対して与えられた私の真理のことである。つまり、私は、他者を、直接〔私に〕まなざしを向けているまなざしと捉える。したがって、私の真理は、他者の自由によって制限される（VE.

116-117)。というのも、サルトルによれば、私は、その存在がその存在において問題となるような存在であると同時に、他者により規定されるたんなる受動性でもあるからである。したがって、私の行動の真理、私の行動の意味は、私にとって、他者のなかにある。結局、一方で、私の自由は他者の自由により隷属させられ、他方で、他者の自由は私の自由により隷属させられる。これをサルトルは、『倫理学ノート』では、疎外、しかも相互的疎外の関係、と呼ぶ。その逆が、相互承認による自己自身と他者の解放である。それは、人間的瞬間、モラルの瞬間、アポカリプスの瞬間、と呼ばれる。すでに、本書の第一部第三章の「相互承認論」で見たように、それは『存在と無』に欠けていた次元である(7)。

ところでそうした次元は、『真理と実存』においては、はっきりとした形では現われていない。そこにおいては、無知(人間相互の関係の様相としての)は、「真理の陰の面」(VE. 129)として捉えられているにすぎない。すなわち、無知は、自由にとって、真理を根本的に裏切る世界において真理の存在そのものを危険にさらすという必然性である。私の真理は、無数の他の真理を背景にして現われる。つまり、あることを知るために、他のことを無視するのである。その結果、私の真理は、それにとって外的なものについての無知(無視)と内的関係をもつ。たとえば、数学の問題を解こうとするとき、人は政治的状況(俗世間の問題)を知ることを断念する、というように。このように、「人間は、それによって非 - 知(non-savoir)および知(savoir)が世界にやってくる存在であるばかりか、人間はまた、行動するために無視しなければならないある存在である」(VE. 121)。

以上からすれば、『真理と実存』というテクストは直接モラルの問題を意識して書かれてはいない、ということがわかる。しかしながら、われわれとしては、サルトルが無知の観念を自己欺瞞の観念と結びつけて考えている点を、重視したい。そうした点を発展させていけば、いわゆる本来性のモラルにつなげることができるように思われる。そもそも、自由や本来性を基調とするサルトル哲学（倫理学）においては、モラルの問題と切り離して論じることができるような問題はないのである。さしあたりサルトルの真理論を、自己欺瞞や本来性のモラルの議論に近づけて解釈しておくならば、真理は、即自と対自の総合的妥協、現勢的、即自‐対自的図式主義であり、無知は、そうした妥協の拒否、即自と対自の分離体制に従って存在する試み、といえるであろう。(8)

三　ハイデガーの真理論との関係

『真理と実存』が書かれたのは一九四八年である。同じ年に、ハイデガーの『真理の本質について』のフランス語訳が出た。(9) ちょうど『倫理学ノート』のための草稿において、永遠なるもの（l'Éternel）と接触していない時間的なものとしての真理を問題にしていたサルトルは（CM. 115-116）、出版されたばかりのハイデガーの『真理の本質について』のフランス語訳を読んだ。(10) そこでサルトルは、ハイデガーに触発され、「自分自身の真理論をはっきりさせるために」(11)、『真理と実存』を書いたのである。『真理と実存』が、『倫理学ノート』のなかの一部であるにもかかわらず、直接的にはモラルを問題にしておらず、一つの完結したテクストの体裁をとっているのは、そのためである。では、サルトルの

『真理と実存』は、ハイデガーの『真理の本質について』から、どのような影響を受けたであろうか。あるいは、自由や本来性をめぐって二つのテクストのあいだには、いかなる関係があるであろうか。

さて、真理と訳されてきたギリシア語の〈アレーテイア〉は、非隠蔽性＝隠れなさ（Unverborgenheit）を意味する、といったのはハイデガーが最初ではない。しかし、存在の本質には一つの隠蔽態があり、真理はそこからいわば強奪のごとく闘いとられねばならないということを、初めて明らかにしたのは、ハイデガーである。すなわち、その真理論、とりわけ『真理の本質について』においては、非隠蔽性としての真理は、本質的に非真理と隠蔽とを含むものであることが、語られている。ハイデガーは、真理をものと知との一致、言表の正しさ、と見る伝統的な概念を打ち棄て、そのような真理概念が成立する根拠として、現存在が存在するものへと開かれてあること、すなわち存在するものの開かれてあることへ自らを曝すことがなくてはならない、と主張する。そして、ハイデガーはそのことを言い換えて、自由と表現した。「自由は、それ自身において外に曝すこと、すなわち、脱自的に実存することである[12]」。端的にいって、「真理の本質は自由である[13]」。真理を自由として捉えたこと、これがサルトルとハイデガーにおいて共通する点である。

ハイデガーは、まず、実存と世界との関係における「開け」を第一次的なものと考え、それに対して、真理をものと知との一致として捉える伝統的概念を二次的なものと考えたのである。次に、ハイデガーは、もし真理の本質が自由であるなら、非真理は真理と内的関係にある、とする。というのも、現存在は、存在するものを開示するというより、むしろ、存在するものを曇らせることができるからである。「真理と非真理は、本質において相互の無関係ではなく、むしろ相関的である……[14]」（強調はハイデガー）。そしてさらにハイデガーは、真理そのものの忘却、すなわち非真理へと深く入り込んでいく道程をたどる。

しかしながら、ハイデガーとサルトルの体系は異なっている。ハイデガーにおいては、自由が真理の本質であるのは、自由それ自体が原初的真理だからである、すなわち〈存在〉によって与えられているからである。それに対して、サルトルにとって、自由が真理の本質であるのは、自由が、本質を有していないもの、自らの由来を問うことが無駄であるところのもの、すなわち人間の特殊な存在体制、であるからである。「なぜ人間は生きているのか」。この問いは、人間はそれによって対自が世界にやってくるところの存在である、ということに由来する。かくして、それによって「なぜ」が世界に出現するところの存在は、自分に振り返って、「なぜ」という問いを立てる。だが、この「なぜ」は与えられない。というのも、「〔人間〕それ自身の自由があらゆる〈なぜ〉の根拠であるからである。……私の実存の〈なぜ〉は、私の実存そのもののなかに出現する」（VE. 134）。このように、サルトルの問題設定は、実践的、人間学的である。それに対して、ハイデガーのそれは、構造的、存在論的である、といえるであろう。

では、このような両者の相違は何に由来しているのであろうか。それは、両者における本来性という概念の相違に由来するように思われる。そしてそのことは、サルトルによるハイデガーの「死への存在」の否定において、はっきりと見て取ることができる。ハイデガーにおいて、私が固有の自己を回復して、本来的に実存するようになるのは、たとえば死の自覚によってである。その点では、挫折をとおして回心へ導かれ、本来性に向かう、と考えるサルトルに近い。しかし、ハイデガーにおける、実存の本来性と非本来性の区別は、彼の思想の展開にともなって、存在へと自己を開き、存在に耳を傾ける決意に変わる。つまり、ハイデガーにおいて、関心はあくまでも〈存在〉である。それに対して、サルトルの関心は〈存在〉にない。サルトルの関心は、あくまでも人間（意識）と世界（状況）との関係、すなわち投企にある。

そもそもサルトルにとって、死は、私の固有の可能性ではない。『存在と無』によれば、死に拘泥しているかぎり、人間存在は、再活性化すべき過去の諸可能性と人間存在の唯一の固有の可能性としての死の予期とのあいだで、窒息させられる。サルトルによれば、私の死を生から出発して考察することは、私の主観性のうえに他者の観点をとることによって私の主観性を考察することである。そうしたことは、不可能である。なぜなら、ハイデガーに反して、「死は、私の固有の可能性であるどころか、それは一つの偶然的事実である」（EN. 630 ――強調はサルトル）からである。そのような事実は、そのようなものであるかぎり、原理上私から逃れ、根源的に私の事実性に属する。ゆえに、死は、対自の存在論的構造に属していない。対自の存在論的構造が存在するのは、自由を規定し、私に私の存在を告げる目的の自由な投企において、またそれによってでしかない。人間存在は、自らを人間として選ぶことによって、自らを有限なものとなす有限性である。そして、そうした有限な人間が、自己の状況を自覚し、引き受けるとき、本来性という名の無限性を、ある意味では絶対を、求めることになる。換言すれば、人間は絶対的なもの（即自 - 対自的存在）になろうとする存在である。

このように、真理を自由として捉えた点では共通していた両者も、その体系の向かう方向において異なっていた、といわざるをえない。サルトルは、一九四〇年代の意識論的考察から出発して、五〇年代になると、歴史論、社会論を展開していく。後期になってますます「存在の思考」に没入していくハイデガーとの違いは明らかである。四〇年代の後半（『倫理学ノート』を執筆していた時期）になると、サルトルは、『存在と無』をさらに発展させるべく、相互承認による自己自身と他者の解放というテーマを模索し始めていた。

結び

以上のように、サルトルは真理を、少なくとも『真理と実存』においては、投企として捉えた。それはまた、絶えざる暴露（＝検証）としての真理のことでもある。そして、人は真理のなかにいる（「魚が水のなかに住んでいるように、対自は真理のなかに住んでいる」）、と表現された。しかし、人は真理を見つめることも、それについて語ることもできない、とされる。真理は、私がそれを他者に与えるとき、即自的なものになってしまう（死んだ真理）。真理をものとして見なしてはいけない（強調は筆者）。真理は、一つの作用である。つまり真理は、人間存在（＝意識、対自）の実存そのものである。そしてサルトルにおいて、真理という名の人間存在の実存は、知（真理）と無知との弁証法によって、すなわち、無知という名の挫折をとおして本来性へと向かう、という契機を含んでいる、一種のモラル論に転化するのである。

もっともサルトルは、『真理と実存』の草稿を書いていた時点では、相変わらず意識論の立場に立っている。真理の問題も、そうした立場で捉えられたものにすぎない。したがって、その時期のサルトルの真理論に、たとえば科学的真理はどのように扱われるべきか、という問題の答えを期待しても、無駄であろう。さらにわれわれには、相互承認による自己自身と他者の解放というレヴェル、あるいは歴史的、社会的レヴェルにおいて、真理の問題はどのように考えられるべきか、という問題が残っている。すなわち、『弁証法的理性批判』全体において、真理の問題はどのように扱われているか、という課題が残っている。というのも、そこにおいて真理の問題は、弁証法的理性のある側面、すなわち全体化する真理（vérité totalisante）を解明する可知性の問題となるからである（弁証法的理性のもう一つの側面は、全体化の運動である）。「実存主義に抗して、いかにして〈弁証法的理性〉が、今日であっても、もちろん〈真理〉のすべてとはいわないが、少なくとも全体化する真理を述べることができるかを、確立しなければならない」（CRD I. 143 ――強調はサルトル）。

第二章　サルトルにおける他者論の可能性

序

「他者（autrui）」とは何か、と問われたとき、「自己（soi）」との関係で他者について語るのが一つの答え方であろう。すなわち、他者とは自己であらぬものである、と。そしてそのとき、同時に、自己と他者とのあいだには解消することのできない絶対的な距離が存在する、と答えるのが、一般的であろう。

われわれがそのような結論に立ち至ったわけは、デカルト以来、われわれがコギトすなわち自己意識から出発して、他者に到達しようとしたからである。たとえば、「コギトから出発して人間存在を記述」（EN. 275）しようとするサルトルのように。われわれは、自己にもとづいて他者を〈認識〉しようとした以上、他者はあくまでも一つの対象、すなわち一つの「もの」になってしまい、その結果、自己という意識（実体）と他者という「もの」（実体）とのあいだには、乗り越えられない大きな溝が出現することとなった。

デカルトのように、意識（心）という実体と「もの」という実体とをあらかじめそれぞれ別々に立ててしまうと、〈もの〉（実在）と〈意識内容〉（観念）とのあいだに「客体的レアリタス〔対象志向的実在性〕（réalité objective）」のようなものを想定しなければならなくなる。それに対して、たとえばメルロ＝ポンティは、自己と他者とが未分化である状態、すなわち〈相互身体性（intercorporéité）〉から出発しようとする。そのような立場に立つメルロ＝ポンティから見れば、「サルトルにおいて、複数の主観は存在するが、相互主観性は存在しない」(1)ということになる。しかしながら、そもそも自己と他者とのあいだの距離すなわち差異は、メルロ＝ポンティが思うほど簡単に解消できるものなのであろうか。

それに対して、たとえばレヴィナスは、いわば議論を逆手にとって、自己と他者とのあいだの絶対的な差異から出発することにした。その際レヴィナスは、他者との関係を〈倫理的なもの〉と考えた。レヴィナスは次のようにいっている。「他者との関係を倫理的なものとして立てることによって、われわれはある困難を克服するのであるが、そうした困難とは、他者からまったく独立した仕方で定立されるコギトから出発するとき、デカルトに反して、哲学が不可避的に陥る困難のことである」(2)。はたして、レヴィナスによって、デカルト以来の困難は克服されたのであろうか。

確かに、メルロ＝ポンティの教えに従うまでもなく、自己と他者とが未分化な状態がある、という存在了解は誰でももっている。自己と他者とは等しく根源的なものであるはずである。しかしながら、たとえ最初に自己と他者が未分化である状態を想定してみたところで、次にはどうしても自己と他者との関係が問題になってくる。こうして、議論は出発点にもどってしまうように思える。

デカルトのコギトから出発したサルトルは、少なくとも『存在と無』（一九四三年）を書いた時期には、「他者は原理上捉えられないものである」（EN. 479）とする立場で、一貫していたように思われる。そのようなサルトルにあって、自己と他者との関係は、周知のとおり、相克の関係であった。すなわちサルトル哲学は、コギトから出発して他者を捉えようとして、自他の相克関係に陥った。だが、それにもかかわらず、サルトル哲学はたんなる自他の相克関係に終わらなかった。むしろサルトル哲学は、他者を積極的に受け入れる方向に転じる。自己と他者とが、ある意味では一体化する。しかしながら、自己と他者とのあいだにはあいかわらず差異（距離）が存在する。サルトルはそう考える。本章では、そうしたサルトルにおける他者論が有する可能性を解明してみたい。それが本章の課題である。その際、同じく自己と他者との差異から出発するレヴィナスとの対比も視野に入れながら、検討していきたい。

一 〈まなざし〉と〈顔〉

以下において、レヴィナスの他者論との対比を交えながら、サルトルの他者論のアウトラインを示しておこう。

サルトルがまず論及したことは、どうすればデカルト以来の哲学的アポリアである独我論の暗礁を避けることができるか、ということである。そこでサルトルは、〈自我〉は私にとっても、他者にとっても、同様に客観的な仕方で存在している、ということを明らかにしようとした。すなわち、「自我の超越性」を証明しようとした。「自我」とは、反省において現われるものであり、反省以前においては「自我」など存在しない、というわけである。そうしたサルトルにとって、反省以前の意識は「志向性」によって特徴づけられる。すなわち、意識とは、外に向かって自らを炸裂させる運動である。そうなると、そうした意識のなかに、意識を統一化し、個体化するものとしての〈超越論的我〉など想定する必要はない、ということになる。これが『自我の超越』(一九三七年)におけるサルトルの立場である。

しかしながら、『存在と無』に至り、〈超越論的我〉の存在を否定したからといって独我論から逃れられるわけではない、ということをサルトルは悟る。「かつて私は、フッサールの〈超越論的我〉の存在を拒否することによって、独我論から逃れることができると思っていた。……だが、……超越論的主体の仮説を放棄したからといって、他者の存在の問題を一歩も前進させることにはならない」(EN. 290-291)。そもそもサルトルから見れば、フッサールが他者と自己とのあいだに置いた関係は、〈認識〉の関係にすぎなかった。「存在を一連の意味に還元したために、フッサールが私の存在と他人の存在とのあいだに確立することのできた唯一の関係は、認識の関係である。したがって、フッサールは、カントと同様に、独我論から逃れることはできないであろう」(EN. 291)。では、サルトルはいかにして独我論から逃れようとするのであろうか。

それはヘーゲルを援用することによってである。サルトルによれば、ヘーゲルは、私の存在を他人に対する私の依存から導き出した。すなわち、私が対自(pour-soi)であるのは、他人によってのことである。そこから、対自の構造としての対他（pour-autrui）が生じる。このようにして他者の存在が確立されると、次いでサルトルにおいて、相互主観的意識が問題にされてくる。それが対立や闘争の関係としての他者関係（「まなざし」論）であった。サルトルにとって、対自は志向性（〜についての意識）にもとづいて理解された。したがって、そこにおいては、他者は主体によって了解される。そうした他者は、私の主体性を脅かすものであり、私が対象性を有していることを告げ知らせてくれる存在である。

ところがレヴィナスは、主体を意識として見る見方を否定する。私と他者との関係は志向性の関係にあるのではなく、「倫理的な陰謀（intrigue éthique）」[3]の関係にある、というわけである。レヴィナスは意識を断絶させ、主体の志向性を中断させ、〈顔〉（visage）のなかに他者の他性（altérité）を見出そうとする。そのかぎりにおいて、レヴィナスとサルトルとの違いはといえば、サルトルが他者の問題を存在論の言葉で語ろうとするのに対して、レヴィナスは存在論を批判した、という点にあることになるであろう[4]。

レヴィナスによれば、存在論の体系は存在を全体性として理解する。それゆえ存在論の体系は、超越と外面性を証明することができない。それに対してレヴィナスは、「存在するとは別な仕方で」で考えようとした。サルトルもレヴィナスも、他者の問題を外面性にもとづいて考察した。その点では両者は一致している。もっともサルトルは、外面性を、内面性と外面性の総合としての全体性として捉えているのに対して、レヴィナスは、外面性を、無限の観念と捉えている。サルトルにおいて、内面性と外面性との総合は、結局は果たされずに終わる、すなわち歴史は全体化されない（無益な受難）。

それに対して、レヴィナスが語る外面性は、どんな全体性とも逆であり、それは「他との関係」である。こうした違いは、サルトルがヘーゲルに強く引きずられていたことの証拠にもなるであろう。以上、サルトルの他者論を、レヴィナスのそれとの対比で概観した。

二　対他存在の根源的意味としての相克

さて、デカルト以来、人間はコギトに還元され、その結果、人間は自分自身にとって透明な主体、すべての存在を統御している主体と考えられてきた。サルトル哲学もそうした伝統の延長線上にあったといえる。

しかしながら、『弁証法の冒険』（一九五五年）におけるメルロ＝ポンティのように、サルトル哲学を全面的にコギトの哲学と見なすことは[5]、正しいことなのであろうか。もしそうすることが正しいというならば、サルトルの哲学は個人や意識の次元にとどまる、社会や歴史といった次元をまったく顧みない哲学になってしまうであろう。そしてそうであるならば、社会参加と訳すことも可能な例の「アンガジュマン」の思想は、理解困難なものになってしまうであろう。ところがサルトルは、社会や歴史といった次元を忘れてはいなかった。

そうはいっても、サルトルのように、まず人間を個人的、心理学的な次元と、社会的、歴史的な次元とに分けて考え、次に意識としての人間、個人としての人間がいかにして身体的、社会的なものによって条件づけられているのかを考えようとすれば、当然、困難な問題に遭遇するはずである。そうした困難な問題は、サルトルにおいて、意識どうしの関係として理解された人間関係が、互いに相手（他者）の対象にされる、といった関係に陥ってしまう事態を、いかにして乗り越えることができるか、という問題として現われた。そもそもサルトルにとって、人間存在は端的にいって自由である。ところが他者の対象になるということは、その自由が奪われることだったのである。

自己すなわち「私」と他者との関係が、意識どうしの関係として捉えられるかぎり、私と他者とは互いを対象と見なし、相互に排除し合う関係にならざるをえない。これが『存在と無』のなかで展開された、例の「まなざし」論である。「まなざし」論によれば、私と他者との関係は、まなざしを向けるか、まなざしを向けられるかの関係であり、私は、他者からまなざしを向けられているかぎり、他者の対象にすぎず、そして対象であるかぎり、自由が侵害されている。そこで私は、自由を取り戻すために、対象であることから脱却しなければならない。そのために今度は、私が他者にまなざしを向け返す必要がある。こうして私と他者との関係は、まなざしを向けるか、まなざしを向けられるかの緊張した相克関係になるというのである。

サルトルの表現によれば、「相克が対他存在の根源的意味」（EN. 431）となり、レヴィナスの言い回しによれば、「サルトルにおける他者との出会いは、私の自由を脅かすものであり、それは他の自由のまなざしの下での私の自由の減退と等価である」(6)ということになる。

本書の第一部第三章「相互承認論」のなかですでに触れたように、サルトルは『存在と無』のなかで、「われわれ（nous）」という言葉によって表わされる「共存在（être-avec, Mitsein）」に言及している。

その〈われわれ〉は、「対他存在一般を根拠として特別な場合において生じる、ある特殊な経験である」（EN. 486）。すなわち、〈われわれ〉もまた、まなざしを向けることとまなざしを向けられることとの根源的な相克関係を基礎にしているのである。たとえば、互いにまなざしを向け合っている私と他者とが、第三者の出現によって対象化される、ということがある（「対象‐われわれ（nous-objet）」）。封建領主や資本家は、「何よりも第三者として、つまり抑圧された共同体の外にいる人、その人にとってこの共同体が存在するところの人、として現われる」（EN. 492 ――強調はサルトル）。もっとも、われわれのうちの誰かがその第三者に対してまなざしを向けるならば、〈われわれ〉は崩壊する。さらには、演劇を鑑賞している観客の気持ちが一体となる瞬間がある（「主観‐われわれ（nous-sujet）」）。ただし、「主観‐われわれ」は、「心理学的秩序に属するもので、存在論的秩序に属するものではない」（EN. 496）。それは他者についての根源的な体験から生じた「二次的、派生的な経験にすぎない」（EN. 500）。

結局、〈われわれ〉が意識個体相互間の関係であるかぎり、それは「共存在（共同存在）ではなく、相克」（EN. 502）なのである。いずれにせよサルトルにとって、他者（他人）はあくまでも一つの外部であり、その他者（他人）を前にすると、私は根源的失墜を経験させられるのである。「ひとりの〈他人〉（un Autre）が存在するならば、たとえ彼が何者であれ、彼がどこにいようと、彼と私との関係がいかなるものであれ、彼の存在のたんなる出現によって以外に彼が私に影響を及ぼさなかろうと、私は一つの外部をもち、私は一つの自然をもつ。私の根源的失墜とは、他人の存在である」（EN. 321 ――強調はサルトル）。

もし、以上のように、私と他者との関係を相克の関係と捉えるならば、「アンガジュマン〈社会参加〉」を提唱することにどんな意味があったであろうか。もし、サルトルが他者の存在、すなわち他者の自由を認めることなく、一方的に自己の存在、すなわち自己の自由を主張しただけにとどまっていたならば、サルトルのアンガジュマンの思想は不十分なものになったであろう。

確かにサルトルは、『存在と無』において、「私の根源的失墜とは、他人の存在である」、あるいは、「他者は原理上捉えられないものである」といったことを強調している。そのかぎりでは、サルトルにおいて、私と他者とは永久に相容れない者どうしのように見える。サルトルは次のように断言している。「われわれは、平等の次元に、つまり、〈他者〉の自由の承認が〈他者〉によるわれわれの自由の承認を必然的にともなうような次元に、決して具体的に身を置くことができない」(EN. 479)、と。しかしながら、サルトルはそこにはとどまらなかった。サルトルはある時期から、他者の自由を認めざるをえない事態を、明確に視野に入れ始めた。

三　本来性と原初的疎外

ではいったい、〈私と他者との相克から他者の自由を承認する事態へと〉至るには、いかなる概念装置が必要になってくるであろうか。結論を先取りしていえば、サルトルはそうした概念装置を「本来性（authenticité）」に見ていた、と解釈できるであろう。そうした解釈の根拠を以下において示してみよう。
本来性の概念についてサルトルが考察しはじめたのは、第二次大戦中のことである。戦地で書かれた日記、『奇妙な戦争――戦中日記』によれば、サルトルはまず、「運命に打ち克つよりおのれ自身に打ち克て」(CDG. 68) と唱えるストア主義と対立するものとして、本来性を考えた。本来性の立場は、「自己への忠実さ、世界への忠実さから、苦しむことを受け容れよ」(CDG. 70) と、要求する。ストア主義は、魂の平静を得るという目的のために、自己の欲望を抑えることを要求する。そのことは、「なんらかの形で自己を欺いている」(CDG. 69) ことである。それに対して、本来性の立場に立つなら、自己の欲望に忠実になる。

さらには、本来性の立場に立つなら、世界に忠実になる。換言すれば、ありのままの現実を受け入れることになる。「本来性は人間の条件、すなわち状況に投げ込まれている存在の条件から出発してしか理解されない」(CDG. 72)。本来的であるとは、自己の状況を「自覚し」、「引き受ける」ことなのである。しかしそれはつらいことである。だからわれわれはそれを避けようとする。結局、本来性に立ち至るためには、われわれは自己を欺いていてはいけない。すなわち、自己欺瞞から脱却しなければいけないのである。こうした議論が『存在と無』における「自己欺瞞 (mauvaise foi)」の議論につながっていることは、容易に見て取れるであろう。

では、なぜ本来性に到達した人間は、おのれの自由と同時に他者の自由をも認めることができるのであろうか。それは、サルトルによれば、本来性に到達した人間は意識の至上権を求めると同時に、身体的、歴史的、社会的要因が自らの選択行為に影響を与えていることをも認めるからである。換言すれば、人間は意識すなわち自由であると同時に、対象すなわち「もの」でもあることになる。そうなれば、私が他者の対象になることは、むしろ私が自ら積極的に引き受けることであるがゆえに、そのことによって自由が侵害されることにはならない、ということになる。

ところでこの「本来性」については、『存在と無』のなかでは、将来の課題として出てくる程度で、本格的には扱われていなかった。「本来性」が本格的に扱われるのは、死後に刊行された『倫理学ノート』(一九八三年)のなかにおいてのことである。

『倫理学ノート』によれば、私が他者の対象であるという事実は、私の自由に対する他者の自由の優越性を認めるということを意味しない。というのも、本来性に到達した人間は、自分が他者の対象であるという事実を、人間的条件の一つとして受け入れているからである。『倫理学ノート』の言い回しによれば、次のようになる。「われわれは自由であると同時に他者にとっての対象である、という事実を引き受けるや否や、もはや対立の領域にとどまるべきいかなる存在論的理由もない」(CM. 26)。

いまやサルトルにとって、私と他者との相克の関係はなんら問題にはならない。それでは、なぜサルトルは、『倫理学ノート』に至り、自他の相克関係を乗り越えることができたのであろうか。そのことを、もう少し詳しく見てみよう。

実は、『倫理学ノート』において相克や抑圧の克服の可能性が模索されていると同時に、相変わらず相克や抑圧それ自体について語られていることも、事実である。すなわち、「私の主観性の対象化的否定」(CM. 18)としての他人という主観について語られる。さらには、「人間は、まず、自分自身に対して他人として現前している」(CM. 398) とも語られる。そうなると、人間が世界に出現すること自体、「疎外による、自由に反する罪である」ということになる。すなわち、人間は他人に対しても自己自身に対しても、決して一致することができないという宿命の下に世界に出現するのである。それをサルトルは「原初的疎外 (aliénation primitive)」と呼ぶ。「あらゆる〈歴史〉は、人間がそこから出ることのできない原初的疎外によって理解されねばならない」(CM. 429)。

サルトルは、自己と他者との不一致、自己との不一致、価値との不一致を原初的疎外と呼び、それはいかなる革命によっても克服できない疎外である、と考える。それに対して、稀少性に付随する疎外を社会的疎外と呼び、それは革命によって克服できる、と考える。原初的疎外の方は避けられないものである。したがって、避けられないものであるかぎり、人間の根源的条件の一つとして引き受けるしかない。サルトルはそう考える。

確かに、何度も引用しているように、「他者は原理上捉えられないものである」ことは間違いない。それがサルトル哲学の出発点であるし、彼が終生保ちつづけた立場でもある。しかしながら、そのことはいまや、困難な問題を引き起こしはしない。むしろそのことは、避けられない疎外として、積極的に引き受けられるべきである。したがって、他者の存在は、もはや私の自由を脅かすものとはならない。

それにしても、他者が私の自由を脅かすことはない、という保証はどこからくるのであろうか。「本来性」から始まって、「原初的疎外」に行き着いたわれわれが、さらに手に入れなければならない概念装置とは、いったいどのようなものであろうか。

四　相互承認と一体性

原初的疎外を引き受ける私に、なお意識の至上権すなわち自由を保証してくれるものは何か。それは、ほかならぬ他者である。他者が私の自由を保証してくれるのである。すなわち、私と他者とのあいだには、自由の「相互承認（reconnaissance réciproque）」が成立しているのである。

この自由の相互承認について本格的に論じられるのは、やはり『倫理学ノート』のなかにおいてのことである。サルトル自身が、『倫理学ノート』のなかで、「自由についてのより深い承認および相互了解（compréhension réciproque）」（CM. 430）の次元は、『存在と無』においては欠けていた、と明言している。この『倫理学ノート』は、一九四七年から四八年にかけて書かれたとされているが、同時期の『実存主義はヒューマニズムである』（一九四六年）においても、同様の発言が見られる。すなわち、「私の自由と同時に、他人の自由も望まないではいられなくなる」（EH. 83）事態が語られている。

私と他者との関係を、意識どうしの関係として捉えるかぎり、私と他者は互いを対象と見なし、相互に排除し合う関係とならざるをえない。そのとき私と他者は、相手のなかに自由を見ることを拒否しているのである。しかしながら、人間どうしの関係というものは、決してそのような意識どうしの関係（認識の関係）だけに終始するものではない。人間どうしの関係は、倫理的な関係でもあるのである。「他者が私を、〈対象としての存在〉としてと同様に、実存している自由として存在させるなら、また、他者が、私が絶えず乗り越えている偶然性を、自律的かつ主題化された契機として存在させるなら、他者は世界と私自身を豊かにし、他者は私の実存に対して私自身が与えている主観的意味に加えて、ある意味を与える」（CM. 515 ——強調はサルトル）。サルトルにおける相互承認について詳細に論じているトマス・C・アンダーソンによれば、サルトルにおいては、価値評価的承認が重要である、という(7)。というのも、サルトルにとって、倫理的であるとは、「存在の秩序のなかでより高い尊厳を獲得することによって、より多く実存すること」（CDG. 107）だったからである。

こうして、私は、他者から積極的な評価を受けたいと欲すると同時に、私は、他者もまたそうした評価を受けられるように、他者を手助けする。すなわち、価値の相互承認である。これは、諸個人が互いを目的として自由に承認し、価値評価できるような、同等な人間どうしによって作り出される社会である。

ところでサルトルにとって、相互承認や相互了解は、他者の自由や他者の投企から距離をおく受動的、静観的態度ではない。私は、他者を了解するとき、他者の投企に参加し、その投企の方へと向かい、そうすることによって他者の自由を超越することなしにつかまえる。すなわち私は、他者の目的を共感的に了解する。本来性に至った人間は、寛大にも(8)、他者の投企を自分自身の投企として受け取ることによって、その実現を意図する。

もちろん、他者に共感できない場合も出てくる。たとえば、討論（discussion）において私が相手に同意できない場合もある（もちろん、相手が私に同意できない場合もある）。そのとき、私の自由は挫折する。そこで私は、自らの自由を否認するか、さもなければ相手の自由を否認するかの二者択一に迫られるように見える。しかしながら、私と相手とが討論を継続していけば、いずれ自由の相互承認に導かれる、とサルトルは考える。「共通の同意から自由の相互承認を生み出す」(CM. 217)。このようにして、他者に対する私の共感をとおして、私と他者とのあいだに一体性(unité)が生まれる。こうした一体性も、『存在と無』には欠けていた次元である。

一体性とはこの場合、諸個人を超個人へと存在論的に融合すること(=同一性)を意味しているのではなく、「ある種の自由の相互侵入」(CM. 302)を意味している。つまり、「各人の自由は全面的に他人の自由のなかにある」(CM. 299)というわけである。これは、『実存主義はヒューマニズムである』のなかの言い回しである、「私が私の自由を目的とすることができるのは、私が同様に他人の自由を目的とするときのみである」(EH. 83)と同じ事態を指している。

このようにして、孤立した者どうしである私と他者とのあいだに立ちはだかっていた「他性」の代わりに、一体性が登場してきた以上、私は、一方で、他者の自由を全面的に否定したり、物化したりすることなしに他者を自由として了解することができるのであり、他方で、他者による私の対象化が起ころうとも抑圧や相克は発生しない。なぜなら、いまや対象化といっても、見知らぬ他者による対象化ではなく、友人としての、兄弟〔同胞〕(frères)としての他者による対象化だからである。こうしてサルトル哲学は、他者による私の対象化を自発的に引き受けることへと道を開いた概念装置である「本来性」や「原初的疎外」、そしてそれらから派生してくる、「相互承認」や「一体性」といった概念装置によって、前期の『存在と無』から後期の『弁証法的理性批判』第一巻(以下、『批判』第一巻と略記する)(一九六〇年)へと大きく転回し、次の課題は、「共同的個人としての人間」が生み出される様子を描き出すこととなる。

五　サルトルとレヴィナスとの近さ――兄弟としての他者

サルトルは、以後、相互的な愛に満ちた階級なき社会の建設を目標として掲げる〈革命の倫理学〉の構築を目指す。それが試みられたのは、一九六〇年代のことである。それ以前の、すなわち、『倫理学ノート』から『批判』第一巻へと至るまでの時期に限定すれば、サルトルはレヴィナスと意外に近い関係にあるように思われる。では両者の近さとは何であろうか。それは、一言でいえば、他者の役割に対する積極的評価だと思われる。最後に、そのことを確認しておこう。

自己同一性が不可能であること（自己との不一致のこと、先ほど述べたように、原初的疎外の一つ）は、サルトルおよびレヴィナスをして、自己と他者との関係を〈認識〉によって考察することを拒否させた。[9]すなわち、レヴィナスもまた、主体に関して、「その自己との合同的一致そのものが不可能であるかのような[10]」事態を前提にして語りはじめる。

かのランボーの定式「私は一個の他者である（*je est un autre*）」を、レヴィナスは、「自己と自己との再会は失敗してしまう[11]」と解釈する。内面性は、厳密な意味では内部的ではないことになってしまう。すなわち、「あらゆる人間的なものは外部にある」、「すべては外部にあり、私のうちのすべては開かれている[12]」ことになる。だからといって、「主観性は、もの、ないしは物質にまぎれてしまう[13]」わけではない、と解釈する。つまりは、レヴィナスは次のような問いを立てる。すなわち、「主観性は、まさに、内部から自分を閉ざすことができないということを意味しているのではないのか[14]」、と。

こうした問いかけ[15]に対する回答として、レヴィナスは、〈顔としての他者〉を持ち出す。レヴィナスにとって、確実なことは、顔としての他者は私の観念の内部に還元できない「外部」が存在することを啓示している、ということである。顔は私に問いかけ、私に応答を促す。私には応答の責任が生じてくる。その結果、そこには、兄弟関係（fraternité）が成立する。レヴィナスは次のようにいっている。「私を絶対的部外者として見ている（〔私に〕まなざしを向けている）顔を前にしての私の責任こそが――顔の公現はそれらの二つの契機〔絶対的部外者と私の責任〕と一致する――兄弟関係の根源的事実を構成する」[16]。

レヴィナスは、サルトルとともに、他者を兄弟〔同胞〕＝兄弟関係と見なす。レヴィナスにおいて、顔は決して私を脅すことはない。私と他者は語り合う。レヴィナスは次のようにいっている。「顔は世界の彼方から到来するものでありながら、私を人間どうしの兄弟関係に巻き込むものでもあるが、そのような顔の現前は、人を震えさせたり、恐れさせたりする聖なるもののように私を押しつぶしたりはしない。そうした関係を断ちつつ関係を保つことは、発話する（parler）ことに帰着する」[17]。サルトルは、他者との共感的関係の一つの例として討論について語るが、レヴィナスは発話について語る。したがってそのかぎりでは、暴力は存在しない。レヴィナスの言い回しによれば、「顔はその呼びかけ（appel）によって私の暴力を停止させ、麻痺させる。呼びかけは暴力を振るうことなく、高み（haut）から到来する」[18]。この呼びかけは、『文学とは何か』（一九四七年）以来、サルトルにとってもまた、アンガジュマンを成立させる重要な要素であった。すなわち、「あらゆる文学作品は呼びかけ（appel）である」[19]（S II. 96）。

それにしてもレヴィナスがいう「高み」とは何であろうか。また、サルトルにおいて暴力の問題は、それほど簡単に解消されなかったはずである。一九五〇年代に入り、政治の問題がサルトルのなかでクローズアップされてくる。それが一九六〇年代の〈革命の倫理学〉の構想へとつながっていく。したがって、自由の相互承認が無条件に成立するとは、サルトル自身も考えてはいなかったはずである。レヴィナスが宗教に向かったのに対して、サルトルは政治に向かった。その違いは大きい、といわざるをえない。レヴィナスの言を借りるなら、「宗教の見地は政治の営みから遠ざかる。哲学は政治の営みに行き着くものでは必ずしもない[20]」。

結び

サルトルは「他者は原理上捉えられないものである」ことを前提にしたうえで、だからこそ、そうした根源的条件を引き受けざるをえない、と考えた。そこから、他者を共感的に理解することにより他者との一体性が生じてくる可能性が、出てきた。換言すれば、人間どうしの関係を意識どうしの関係、すなわち〈認識〉の関係と捉えることから、自由な実存どうしによる価値の相互承認の関係、すなわち〈倫理的〉関係として捉える方向へと転じることによって、サルトルにおける他者論の可能性が開けた。

それはまたレヴィナスの立場でもあった。自己と他者とのあいだに横たわる距離（差異）から出発する点で、さらには自己と他者との共感的関係を模索する点で、サルトルとレヴィナスとは共通している。しかしながら、一九六〇年代以降のサルトルは、人間的主体による実践と、そうした実践の産物である実践的惰性態との弁証法的発展として、倫理を捉える。そうしたサルトルは、人間以下の状態に留め置かれた人間が、抑えがたい欲求によって状況を否定し、乗り越えていく姿を描こうとする以上、レヴィナスの拠って立つ地盤と異なる地盤に立っていることは、明らかであろう。

結論——本来的人間から全体的人間へ

一九六〇年代のフランスにおいて、いわゆる構造主義の思想家たちが、「主体の批判」を行なった。すなわち、デカルトからサルトルまでの「主体」（カントやハイデガーの「主体」も含めて）が、「形而上学的主体」の名の下に批判された。たとえば、レヴィ＝ストロースは、サルトルを、自我の明証性の罠にかかっている、といって非難する。「サルトルは自分のコギトの捕虜になっている[1]」。そして、コギトにとらわれているかぎりその議論は、心理学的、個人的なレヴェルにとどまる、というわけである。

たしかにサルトルは、人間をコギトに還元し、人間主体を自分自身にとって透明な主体、すべての存在（自分自身および世界）を統御している主体と見なしていた。その結果、サルトルは、ハイデガーからも批判を受けることになる。すなわちサルトルは、「歴史的なものの本質性が存在のうちにあることを認識していない[2]」、と。しかしながら、サルトルの哲学は、本当にコギトの哲学に限定されるものであろうか。換言すれば、サルトルの哲学は個人のレヴェルにとどまり、社会や歴史を顧みないものであったのであろうか。もちろんその答えは、否であろう。というのも、もしそうでなければ、例のアンガジュマンという発想自体、無意味なものになってしまうからである。

ところで、冒頭の「形而上学的主体」に対する批判に話をもどすなら、そのような批判によって「主体」そのものが「清算」されたわけではない、という点を確認しておかなければならない。そうした批判の争点は、「哲学的主体を人間化するのがよいか、それとも脱人間化するのがよいかを知ること」[3]だったのである。その後、一九八〇年代に入り、構造主義により葬り去られたはずのサルトル流の「人間主義（humanisme）」に対する再評価の動きが出てきた。たとえば、リュック・フェリーとアラン・ルノーは、『六八年の思想――現代の反-人間主義への批判』（一九八五年）において、多くの現代思想が既成の事実と見なしてきた、人間主義および主観性の哲学に対する有罪判決を、不服として控訴している。[4] さらにルノーは、『サルトル、最後の哲学者』（一九九三年）のなかで、「近代性という価値を多様な仕方で脱構築したあとで、新たに問題に取りかかること」[5]が、自分たちの役目である、と明言している。

では今、改めて、サルトルの人間主義ないしは主観性の哲学を問題にするとすれば、いかなる観点をとる必要があるであろうか。それは、サルトルが主観性の哲学をいかなる仕方で克服しようとしたか、そしてその結果として、いかなる展望が開けたか、という観点であろう。そうした観点は、現在では、サルトルの死後に出版された遺稿（とりわけ、倫理学に関する草稿）をも視野に入れて、追求されなければならない。そこで本書では、サルトルの遺稿および、遺稿についての内外の研究成果を踏まえて、主観性の哲学から出発するサルトルの哲学がいかに発展し、いかなる結論に至ったのかを描き出すことに努めた。

その結果、第一部では、『存在と無』に続く一九四〇年代後半のサルトルの倫理学的考察（「第一の倫理学」）を、本来性に向かって自己を選択する「本来性の倫理学（モラル）」として捉えた。そして第二部では、『弁証法的理性批判』第一巻（以下、『批判』第一巻と略記する）に続く一九六〇年代前半の倫理学的考察（「第二の倫理学」）を、倫理を実践と実践的惰性態との弁証法的発展に見る「弁証法的倫理学」として捉えた。そして第三部では、第一部と第二部の考察を踏まえて、真理論と他者論という切り口から、改めて、二つの時期のサルトルの倫理学的考察の射程を検討した。ここでは、第三部を補足しておきたい。

さて、サルトル研究において、『存在と無』と『批判』第一巻との関係の問題は、人間存在における心理学的、個人的なレヴェルと、社会的、歴史的レヴェルとの相違の問題として、換言すれば、両著作のあいだの断絶の問題として、以前から重要なテーマであった。[(6)] というのも、「意識は隅から隅まで意識である」（EN. 22）と述べる『存在と無』のサルトルが、人間を身体的、社会的産物によって条件づけられているものと見なす『批判』第一巻へとその思想を展開していったことは、理解困難なことに見えたからである。そこで、『存在と無』と『批判』第一巻とを橋渡しする理論が見出す必要が出てきた。

ところで、『存在と無』と『批判』第一巻とのあいだには、どんな課題が残されたのであろうか。それは、『存在と無』が提起した一種のアポリア、すなわち、私が他者の対象にされることにより私の自由が奪われるというアポリアを、いかにして乗り越えることができるか、という課題であった。

私と他者との関係を相克と捉える立場から、いかにして自他の相互理解が導出されうるか、が課題となった。すなわち、〈私と他者との相克から他者の自由を承認する事態へと〉至りうる理論的根拠は何か、が課題となった。その理論的根拠こそ「本来性（authenticité）」である、とわれわれは結論づける。

本来的人間は、自分が意識であると同時に身体でもある、という人間の両義性を認めることを大前提としている。したがって、自分が他者の対象であることも、人間的条件の一つとして積極的に引き受ける。というのも、サルトルによれば、他者との不一致（あるいは、自己との不一致）は、避けられない疎外である。これを「原初的疎外」と呼ぶ。避けられないなら、引き受けるしかない、というわけである。

こうして私と他者は、互いを対象化するのではなく、共感的に互いの目標を追求することによって、互いの自由を欲する。これが自由の相互侵入としての「相互承認」である。私と他者とのあいだには、「他性」に代わって、「一体性」が登場してくる。したがって、たとえ他者による私の対象化が生じたとしても、それは見知らぬ他者による対象化ではなく、友人としての、同胞としての他者による、自由の相互承認となる。第一に〈本来性〉、第二に他者による私の対象化を自発的に引き受け、そしてそこから派生する自由の〈相互承認〉、第三に私と他者の〈一体性〉、といった概念装置をとおして、サルトルの哲学は、『批判』第一巻へと発展していく。

サルトルが『批判』第一巻のなかで、自由の相互承認がもたらす具体例として提出してくるものの一つとして、「溶融集団」がある。集列性の構造をもつ惰性的群衆が、一つの目標に向かって、互いに叱咤激励し合いながら前進していくとき、溶融集団が出現する。溶融集団は、誓約によりさらに結束を強める。われわれは互いを集列性から脱却させる共通の行為における共犯者として、相互に承認し合っているがゆえに、われわれの存在は共通なのである。サルトルは、このような溶融集団が出現した具体例として、フランス革命における民衆によるバスティーユの襲撃を挙げているが、第二次世界大戦末期のパリ解放時の雰囲気を描写したエセーにおいても、溶融集団の出現を思わせる場面がでてくる。「われわれはマルローが『希望』のなかで〈黙示録〉の実現と呼んだものを思わずにはいられなかった。……〈黙示録〉、すなわち革命戦力の自発的な組織化……」(7)。この〈黙示録〉という言葉は、『倫理学ノート』においても、自由の相互承認を説明するものとして登場してくる。

ではいったい、サルトルは、自由の相互承認論を基礎にして、いかなる倫理学を構築しようとしていたのであろうか。一九四〇年代後半のサルトルが構想し始めていたのは、革命の倫理学であった。もっとも、サルトルが革命の倫理学について本格的に考察するのは、一九六〇年代である。

自由が疎外されている状態から、自由の相互承認にもとづく別の状態へと移行させることが、革命の倫理学のテーマであった。では、自由が疎外されている状態とは、どのような状態であろうか。サルトルが例として挙げるのは、植民地主義者と闘っているアルジェリアの人民、サリドマイドの使用によって奇形児を産んだ母親たち、などである。それらの人びとの生きていた時代は、それぞれ異なる。しかしながら、彼らには、共通して、「全体的人間(homme intégral)」という無条件的規範が存在していた、とサルトルは考える。彼らは、自分たちの非人間的状態に対する抗議として、また、全面的に人間的な生活を送る可能性の名にかけて、行動を起こしたのである。すなわち、自分たちに課せられている非人間的な地位を、人間の名の下に拒否する「欲求(besoin)」が、彼らに備わっていたのである。そしてサルトルは、そのような「欲求」こそ、「道徳性の根源」にほかならない、と見なした。そうした「欲求」をもった人間たちが、団結して実践的惰性態（＝物質化され惰性化された実践）を自らの支配下におき、実践的惰性態をとおして人類の共通の欲求を満たすことができるとき、「全体的人間」という目標は十分に達成される、とサルトルは考えた。

そして、この団結した人間たちすべての実践をとおして自己を実現する際に、その前提条件になっているものが、自分たちが「人間以下の（sous-humains）」状態に留め置かれているという自覚である。このマルクスから譲り受けた「人間以下の人間（sous-homme）」という概念は、サルトルにおいてしばしば登場する。『共産主義者と平和』においては、次のように述べている。「労働者は、たんにあるがままのものであることを受け入れるとき——すなわち、生産のたんなる産物に自己を同化させるとき、人間以下の人間である(8)」（S VI. 208 ——強調はサルトル）。こうした人間が、たとえば植民地の人間であれば、「彼らに重労働を課そうとするコロンのおかげで、そしてそのコロンに反抗して、人間になる」（S V. 178 ——強調はサルトル）のであり、「数世紀のあいだ、ニグロであるという理由で、彼を動物の状態に引き下げようと空しく努めてきた連中に対して、黒人は自分が人間であることを認めさせなければならない」（S III. 236-237）のである。

本書の考察をとおして、われわれは、サルトルの倫理学的考察における問題設定が、本来的人間から全体的人間へと発展した様子を見た。それと同時に、サルトルにおける人間存在の扱われ方が、個人的、心理学的レヴェルから、社会的、歴史的レヴェルへと発展していった様子も見た。しかしながら、メルロ＝ポンティによれば、サルトルにとって、「ある社会の真理とは、最も恵まれない人たちが見るところのものである」、すなわち「ひとりの人間のまなざしの告訴のなかに直接読み取られるもの」(9)である。結局、メルロ＝ポンティがいわんとしていることは、サルトルはここに至っても、人間関係（ここでは、階級間の諸関係、プロレタリアート内部の諸関係）を〈まなざし〉の関係と捉えている、ということである。サルトルの主観性は、複数の主観性であり、相互主観性ではない、というわけである。

ここでは、メルロ＝ポンティのサルトル批判の正否は問わない。いずれにしても、「他者は原理上捉えられない」とするサルトル哲学から、すなわち他者を敵と見なすサルトル哲学から、いかなる倫理学が構築しえたのであろうか。これは、今後も、遺稿などの新たな資料を加えて検討していかなければならない課題であろう。それはさておき、サルトルが、サリドマイド事件や、アルジェリア独立戦争を例に取って強調したのは、われわれの欲求こそが主体的契機をなしている、という論点であったということを、最後に確認しておきたい。

注

本文中に引用されるサルトルの著作は、以下の略号をもって示し、略号のあとに原書のページ数のみを記す。邦訳ページ数は示さない。訳文については、邦訳書を参照しつつも、拙訳を用いた。訳出にあたって、邦訳書から大いに示唆を受けたことは言をまたない。

CDG: *Les carnets de la drôle de guerre*, Gallimard, 1983, nouvelle édition, 1995.『奇妙な戦争——戦中日記』海老坂武／石崎晴巳／西永良成訳、人文書院、一九八五年（一九八三年版の翻訳）。

CM: *Cahiers pour une morale*, Gallimard, 1983.【邦訳なし】

CRD I: *Critique de la raison dialectique I*, Gallimard, 1960 (1985).『弁証法的理性批判』Ⅰ・Ⅱ・Ⅲ、竹内芳郎／矢内原伊作／平井啓之／森本和夫／足立和浩訳、人文書院、一九六二、六五、七三年。

CRD II: *Critique de la raison dialectique II*, Gallimard, 1985.【邦訳なし】

DBD: *Le diable et le bon dieu*, Gallimard, 1951 (1980).『悪魔と神』生島遼一訳、人文書院、一九五二年。

EH: *L'existentialisme est un humanisme*, Nagel, 1946 (1970).『実存主義とは何か』伊吹武彦訳、人文書院、一九五五年。

EN: *L'être et le néant*, Gallimard, 1943 (1973).『存在と無』Ⅰ・Ⅱ・Ⅲ、松浪信三郎訳、人文書院、一九五六、五八、六〇年。

F: *Sartre*, un film réalisé par Alexandre Astruc et Michel Contat, Gallimard, 1977.『サルトル——自身を語る』海老坂武訳、人文書院、一九七七年。

L I: *Lettres au Castor et à quelques autres I*, Gallimard, 1983.『女たちへの手紙』サルトル書簡集Ⅰ、朝吹三吉／二宮フサ／海老坂武訳、人文書院（部分訳）、一九八五年。

MS: *Les mains sales,* Gallimard, 1948 (1983).『汚れた手』白井浩司訳、人文書院、一九五二年。
Mch: *Les mouches,* Gallimard, 1947 (1984).『蝿』加藤道夫訳、人文書院、一九五二年。
MSS: *Morts sans sépulture*, Gallimard, 1947 (1980).『墓場なき死者』鈴木力衛訳、人文書院、一九五二年。
RQJ: *Réflexions sur la question juive*, Gallimard, 1954 (1985).『ユダヤ人』安堂信也訳、岩波新書、一九五六年。
SG: *Saint Genet*, Gallimard, 1952 (1969).『聖ジュネ——演技者と殉教者』Ⅰ・Ⅱ、白井浩司／平井啓之訳、人文書院、一九六六年。
S II: *Situations II*, Gallimard, 1948 (1975).『シチュアシオンⅡ』加藤周一他訳、人文書院、一九六四年。
S III: *Situations III*, Gallimard, 1949.『シチュアシオンⅢ』多田道太郎／矢内原伊作訳、人文書院、一九六四年。
S V: *Situations V*, Gallimard, 1964 (1983).『シチュアシオンⅤ』鈴木道彦他訳、人文書院、一九六五年。
S VI: *Situations VI*, Gallimard, 1964 (1975).『シチュアシオンⅥ』白井健三郎他訳、人文書院、一九六六年。
S VIII: *Situations VIII*, Gallimard, 1972 (1980).『シチュアシオンⅧ』海老坂武他訳、人文書院、一九七四年。
S IX: *Situations IX*, Gallimard, 1972.『シチュアシオンⅨ』海老坂武／鈴木道彦他訳、人文書院、一九七四年。
S X: *Situations X*, Gallimard, 1976.『シチュアシオンⅩ』鈴木道彦／海老坂武訳、人文書院、一九七七年。
TE: *La transcendance de l'égo*, J.Vrin, 1937 (1988).『自我の超越』竹内芳郎訳、人文書院、一九五七年。
VE: *Vérité et existence,* Gallimard, 1989.『真理と実存』澤田直訳、人文書院、二〇〇一年。

以下の二つは、厳密な意味では「サルトルの著作」とはいえないが、本文中に略号をもって引用される関係上、ここに掲げておく。

Rome 61: Jean-Paul Sartre, "La conférence de Rome, 1961, Marxisme et subjectivité", in *Les Temps Modernes*, 1993, 3.
Rome 64: Bob Stone et Elisabeth Bowman, "Éthique dialectique, Un premier regard aux notes de la Conférence de Rome, 1964", in *Sur les écrits posthumes de Sartre*, Éditions de l'Université de Bruxelles, prés. par P. Verstraeten, 1987.

Cornell: Juliette Simont, "Autour des conférences de Sartre à Cornell", in *Sur les écrits posthumes de Sartre*, Éditions de l'Université de Bruxelles, prés. par P. Verstraeten, 1987. 家根谷泰史訳「コーネル大学におけるサルトルの講演をめぐって」『札幌大学教養部紀要』第三三号、一九八八年、六三－九六頁。

序論

（1）サルトルの死後に公刊されたテクストのリストについては、巻末の文献表を参照されたい。なお、それらのテクストの概要については、澤田直『〈呼びかけ〉の経験　サルトルのモラル論』人文書院の巻末の「付録、サルトル研究のための新資料」がある。

（2）この方向での最初の重要な研究書としては、次の二つがある。Rhiannon Goldthorpe, *Sartre : literature & theory*, Cambridge University Press, 1984; Thomas R. Flynn, *Sartre and marxist existentialism*, The University of Chicago Press, 1984.

（3）Simone de Beauvoir, *La force des choses I*, Gallimard, 1978, p.19（『或る戦後』上、朝吹登水子／二宮フサ訳、紀伊國屋書店、一三頁）。

（4）「サルトルは経済学や歴史の本をたくさん読んでいた。また、倫理学の構想を練り上げていたノートを、細かな文字で埋め続けていた」（*ibid.*, p.227.『或る戦後』上、一七八頁）。

（5）「サルトルは『倫理学』を断念し、歴史と経済学に専念し、マルクスを読み直し、『アルブマルル女王もしくは最後の旅行者』というイタリアについての本を書こうとしていた」（Michel Contat et Michel Rybalka, *Les écrits de Sartre*, Gallimard, 1970, pp.32-33）。「サルトルは、いわゆる倫理学書を、この年〔一九五〇年〕に断念した」（S. de Beauvoir, *op.cit.*, p.277.『或る戦後』上、二一七頁）。

（6）サルトルが倫理学の執筆を断念した理由としては、戦後しばらくのあいだ政治的問題に関心が傾いたこと、また、実存主義が流行したおかげで講演や急な執筆の機会が多くなったこと、などが挙げられよう。しかしながら、最大の理由はやはり、倫理学について探究する意味を見失ってしまった、ということに尽きるであろう（cf. Peter Caws, *Sartre*, Routledge & Kegan Paul, 1984, p.15)。

（7） S. de Beauvoir, *op.cit.*, p.277（『或る戦後』上、二二七―二二八頁)。

（8） S. de Beauvoir, *La cérémonie des adieux, suivi de Entretiens avec Jean-Paul Sartre, août-septembre 1974*, Gallimard, 1981, pp.40-41（『別れの儀式』朝吹三吉／二宮フサ／海老坂武訳、人文書院、三六頁)。

（9） この二つに、晩年（一九七〇年代）の「第三の倫理学」を加え、第二次大戦後のサルトルの倫理学的考察を三つの段階（時期）に分類したのは、R・ストーン（Robert Stone）教授である（cf. William L. McBride, "The evolution of Sartre's conception of morals", in *Phenomenological Inquiry*, 1987, p.31)。さらには、Christina Howells, *Sartre, The necessity of freedom*, Cambridge University Press, 1988, p.27; Alain Renaut, *Sartre, le dernier philosophe*, Grasset, 1993（水野浩二訳『サルトル、最後の哲学者』法政大学出版局）；Thomas C. Anderson, *Sartre's two ethics*, Open Court, 1993 などを参照。

第一部　第一章

（1） サルトルにおいて、ラテン語源の "morale" とギリシア語源の "éthique" が、厳密に区別されて使われているとは思われない。したがって、日本語訳は「倫理（学）」でも、「道徳（論）」でも構わない。それゆえ、「倫理」や「道徳」といった日本語がもっている既成概念にとらわれることなくサルトルの著作を読み解くために、そのまま「モラル（論）」という表現を使うのも一つの手である、と思われる。いずれにせよ本書では、倫理、道徳、モラルの三つの言葉をほぼ同じ意味で使っている。同じことは『倫理学ノート』というタイトルについてもいえる。『道徳論ノート（手帳)』という訳も流布している。

（2） S. de Beauvoir, *La force de l'âge II*, Gallimard, 1980, p.479（『女ざかり』下、朝吹登水子／二宮フサ訳、紀伊國屋書店、五一頁)。

（3） *ibid.*, p.498（同書、六六頁)。

（4） サルトルは一九二九年七月に教授資格試験に合格し、十一月には兵役についている。このあたりの時期を境にして、サルトルの学生時代、青春時代が終わった、と考えるのが妥当であろう。F・ジャンソンも、サルトルの伝記のなかで、一九二九年までをサルトルの人生の第一期としている（cf. Francis Jeanson, *Sartre dans sa vie*, Seuil, 1974.『伝記サルトル――実生活におけるサルトル』権寧訳、筑摩書房）。

（5） サルトルに価値という概念について目を開かせてくれたのは、M・シェーラーであった。カント流の定言命法を認めないサルトルは、「当為‐存在（devoir-être）」の方も斥けていたが、シェーラーのおかげで、「権利存在を備え、また価値と呼ばれている、固有の性質」（CDG. 114）があり、それが私の行為や私の判断を一つひとつ律している、ということを理解した（cf. CM. 262, 286sq.）。

（6） cf. Laurent Gagnebin, *Connaître Sartre*, Marabout Université, 1972, ch.6, «La mauvaise foi».

（7） サルトルとフロイトの精神分析（学）との関係についていえば、『存在と無』の射程を明らかにするためにも、大変興味深いテーマである。両者の関係については、次のものを参照されたい。水野浩二「サルトルと精神分析――「無意識」をめぐって」（社会思想史学会年報『社会思想史研究』第八号、一九八四年）。

（8） cf. Thomas R. Flynn, *Sartre and marxist existentialism*, The University of Chicago Press, 1984, p.32.

（9） S. de Beauvoir, *La force des choses I*, p.152（『或る戦後』上、一一七頁）。

（10） M. Merleau-Ponty, *Humanisme et terreur*, Gallimard, 1957, p.26（『ヒューマニズムとテロル』森本和夫訳、現代思潮社、五七ページ）。

（11） この言葉が、サルトルが新たに「自由」に与える定義となっている。「人がわれわれを作り上げたものでわれわれ自身を作り上げることが大切である」（SG. 63）。「人間は、……他人が彼を作り上げたものによって何を作り出すことに成功するかにより特徴づけられる」（CRD I. 76）。

（12） 「サルトルの関心は、もともと常に倫理的なものである」（Thomas R. Flynn, *op.cit.*, p.31）。

（13） ヘーゲルからの影響に注意しておかねばならない。「倫理的なもの（*éthique*）は現実的なもの（*effectif*）であらねばならない」（G. W. F. Hegel, *La phénoménologie de l'esprit II*. trad. par Jean Hyppolite, Aubier, 1980, p.37 [*Phänomenologie des*

Geistes, Werke 3, Suhrkamp, 1986, S.348])、あるいは、「目的の現実性は行動の目的である」(*ibid.*, p.37 [S.348]) といった、『精神現象学』の言葉に注目したい。なお、ヘーゲルのドイツ語原典の“Wirklichkeit”は、イポリットの仏訳で“effectivité”と訳され、英訳では、通常、“actuality”と訳される (cf. Rhiannon Goldthorpe, *op. cit.*, p.229, n.14)。

(14) cf. *ibid.*, p.163. Goldthorpe は、サルトルの生前の一九七九年に、雑誌 *Obliques* (no.18-19, éd. Michel Sicard, pp.249-262) に掲載された“La Grande Morale”をテクストとして使用している。ちなみに、“La Grande Morale”は、«Cahiers pour une morale» の pp.26-56 に該当する。

(15) M. Contat et M. Rybalka, *Les écrits de Sartre*, Gallimard, 1970, p.742.

(16) *ibid.*, p.744.

第一部 第二章

(1) たとえばG・ルカーチは、サルトル的倫理を、「心情の倫理」と見なしている (G・ルカーチ『実存主義かマルクス主義か』城塚登・生松敬三訳、岩波書店、を参照)。

(2) 本来性のモラルという観点からサルトルの著作を読み直そうとする研究としては、次のものがある。Linda A. Bell, *Sartre's ethics of authenticity*, The University of Alabama Press, 1989.

(3) S. de Beauvoir, *La cérémonie des adieux*, Gallimard, 1981, p.453 (『別れの儀式』四四四頁)。

(4) *ibid.*, p.453 (『別れの儀式』四四四頁)。

(5) *ibid.*, p.454 (『別れの儀式』四四五頁)。

(6) この時期までのサルトルの自由は、端的にいって、想像することの自由である。たしかに、たとえどんな逆境にあっても、頭のなかでそれを否定する自由はあるであろう。しかしながら、「もし自由が本質上想像的なもののなかに顕現するなら、自由はそれ自体幻想」(Pierre Trotignon, *Les philosophes français d'aujourd'hui*, P.U.F.,1967, p.20.『現代フランスの哲学』田島節夫訳、クセジュ文庫・白水社、二一頁) であろう。

（7）『倫理学ノート』を視野に入れて本来性のモラルについて考究したものとしては、Linda A. Bell の研究書のほかに、次のものがある。Christina Howells, *Sartre, The necessity of freedom*, Cambridge University Press, 1988.

（8）*ibid.*, p.35.

（9）Linda A.Bell, *op.cit.*, p.46.

（10）Norman N. Greene, *Jean-Paul Sartre, The existentialist ethic*, The University of Michigan Press, 1961, p.48. Greene は、この著書（初版は一九六〇年）のなかで、すでに、サルトル倫理学についての新しい解釈として、本来性という実存主義的徳についての新しい解釈を出していた。

（11）サルトル的モラルを、両義性のモラルとしていち早く紹介したのは、ボーヴォワールやジャンソンたちであった。S. de Beauvoir, *Pour une morale de l'ambiguïté*, Gallimard, 1961（『両義性のモラル』ボーヴォワール著作集2、松浪信三郎／富永厚訳、人文書院）；F. Jeanson, *Le problème moral et la pensée de Sartre*, Seuil, 1947 (1965).

（12）cf. Anna Boschetti, *Sartre et «Les Temps Modernes»*, Éditions de Minuit, 1985, p.196（『知識人の覇権』石崎晴巳訳、新評論、二九七頁）。

（13）G・ルカーチ「戦術と倫理」、『ルカーチ初期著作集』第三巻、三一書房、一二三頁。

（14）同書、一二二頁。

（15）S. de Beauvoir, "Idéalisme moral et réalisme politique", in *Les Temps Modernes*, 1945, nov. p.264.

（16）*ibid.*, pp.264-265.

（17）「精神の証言と政治の有効性のあいだの緊張こそ、人間をつくる」(Jean Lacroix, "Témoignage et Efficacité", in *Esprit*, 12, 1945, p.858)。

（18）「原初的疎外」については、本書の第一部第三章、「四　相互承認論と本来性のモラル」を参照されたい。

（19）cf. Linda A. Bell, *op.cit.*, p.125.

（20）*ibid.*, p.122.

（21）そのような移行の可能性を否定する者もいる。本来性の概念がもつ不安定な存在論的基礎のゆえに、そうした移行は不可能である、とする見方については、次のものを参照。John D. Arras, "A critique of Sartrean authenticity", in *The Personalist*, 57, 1976.

第一部　第三章

（1）cf. Thomas C. Anderson, *Sartre's two ethics*, Open Court, 1993, p.182, n.8. アンダーソンのこの研究書は、サルトルの未刊の著作まで視野に入れた研究（とりわけ、サルトルの倫理学に関する）として重要なものである。

（2）こうした相互性の発見は、「サルトルの社会的存在論におけるめざましい進歩を示している」といえる（cf. Thomas R. Flynn, *Sartre and marxist existentialism*, The University of Chicago Press, 1984, p.20）。

（3）「サルトルが議論するのは、基本的には意識相互の関係であり、歴史やそれの社会政治的機構に沈められている、血肉を備えた人間存在相互の具体的関係ではない」（Thomas C. Anderson, *op.cit.*, p.31）。

（4）*ibid.*, pp.74-77.

（5）S. de Beauvoir, *Pyrrhus et Cinéas*, Gallimard, 1944 (1960), p.112, p.118, p.120（『ピリュスとシネアス』ボーヴォワール著作集2、青柳瑞穂訳、人文書院、八六、九〇、九二頁）。従来、サルトル倫理学の体系を概観するための基本文献と見なされてきたものとして、この『ピリュスとシネアス』のほかに、同じボーヴォワールの『両義性のモラル』（*Pour une morale de l'ambiguïté*, Gallimard, 1947）、F・ジャンソンの『道徳の問題とサルトル思想』（*Le problème moral et la pensée de Sartre*, Éditions du Seuil, 1947）などがある。

（6）『倫理学ノート』の英訳に付された脚注によれば、ジシアとは、Léon Gischia（一九〇三年生まれ）のことで、画家であり、とりわけ、ヴィユ＝コロンビエ座の劇場デザイナーでもあった人のことである（Jean-Paul Sartre, *Notebooks for an ethics*, translated by David Pellauer, The University of Chicago Press, 1992, p.208, n.188）。

（7）サルトルにおける「目的の国」的発想のなかに、カントとの近さを見ることができる。「サルトルはカント倫理学のある側面——目的の国——を肯定することができる」（Linda A. Bell, *op.cit.*, p.176）。

（8）Trotsky, *Leur morale et la nôtre*, trad. Victor Serge, Éditions de Sagittaire, 1939, p.79 (cf. Jean-Paul Sartre, *Notebooks for an ethics*, translated by David Pellauer, The University of Chicago Press, 1992, p.159, n.161).

（9）cf. Linda A. Bell, *op.cit.*, pp.22, 176.

（10）「回心」もまた、「本来性」や「純粋な反省」とともに、『存在と無』では十分に説明されなかったモチーフであり、『存在と無』以後のサルトルの倫理学的考察のキー・ワードである。サルトルによれば、「回心」や「純粋な反省」をとおして、われわれは「本来性」に向かうのである。だがその前に、われわれはまず挫折を経験する。そして、挫折の段階において、われわれは自己欺瞞に逃避しているのである。

第二部　第一章

（1）M. Contat et M. Rybalka, *Les écrits de Sartre*, Gallimard, 1970, p.426.

（2）S. de Beauvoir, *La cérémonie des adieux*, Gallimard, 1981, p.41（『別れの儀式』三六頁）。

（3）*ibid.*, p.40（『別れの儀式』三六頁）。もっとも、一九五〇年代から六〇年代にかけてのサルトルの政治的な時期を、「サルトルの人生における一種の脱線」と見る立場もある。それは、J・コロンベル（Jeannette Colombel）の立場である。それに対して、道徳と政治、歴史とは分離不可能である、とするのが、S・ド・ボーヴォワール、W・L・マクブライド（William L. McBride）の立場である（cf. William L. McBride, "The evolution of Sartre's conception of morals", in *Phenomenological Inquiry*, 1987, pp.35-37）。

（4）それらの草稿は、「R・ストーン（Robert Stone）教授および他の二、三の人が所有しているが、いまだに公刊されておらず、また、公刊や引用の許可さえ下りていない」（William L. McBride, *ibid.*, p.31）。この三つの草稿の簡単な説明については、William L. McBride, *Sartre's political theory*, Indiana University Press, 1991, p.212, n.19を参照。なお、「コーネル大学講演」については、サルトル自身が、ボーヴォワールとの対談のなかで、「招待してくれたアメリカの大学のために準備した倫理学的著作」（S. de Beauvoir, *La cérémonie des adieux*, p.235.『別れの儀式』二三四頁）といった表現で言及している。

「一九六四年のサルトルの倫理学」については、J・ジェラシ（サルトルの知人 Fernando Gerassi の息子 John Grerassi）が、S・ド・ボーヴォワールから借りたサルトルの草稿から作ったテクストである。しかし、そのテクストの成立に、J・ジェラシがどのくらい関与していたかについてははっきりせず、また、「そのテクストが草稿からどのようにして作られたかを説明する研究論文もないので、疑わしいと思われるかもしれないものである」（A. Renaut, *Sartre, le dernier philosophe*, p.167.『サルトル、最後の哲学者』一六四頁）とさえいわれている。

（5） M. Contat, “La vérité selon Sartre”, in *Le monde*, sélection hebdomadaire, du jeudi 21 au mercredi 27, septembre 1989.

（6） 『真理と実存』については、ここではまだ詳しく論じない。真理を、人間（意識）によって〈存在〉が照らし出されること、つまり、〈私〉の自由な行為、人間存在の実存そのもの、と見なす真理論については、第三部「サルトルの倫理思想の可能性」のなかで、詳らかにしたい。

（7） Jean-Paul Sartre, “La conférence de Rome, 1961, Marxisme et subjectivité”（以下、本文中に Rome 61 と略記し、ページ数のみを記す）in *Les Temps Modernes*, 1993, 3, p.11. このテクストの編者 Michel Kail によれば、このテクストは、サルトルの講演を実際に聴いた聴衆が書き留めたノートと、編者 Michel Kail 自身による書き直しという二重の解釈から成り立っている（cf. Michel Kail, “Introduction à la conférence de Sartre, La conscience n’est pas sujet”, in *Les Temps Modernes*, 1993, 3, p.1）。

（8） «La Sainte Famille», in *Karl Marx, Œuvres III*, Bibliothèque de la Pléiade, 1982, p.460（『マルクス＝エンゲルス全集』第二巻、大月書店、三四頁）。

（9） «Le Capital, 4», in *Karl Marx, Œuvres I*, p.608.

（10） この「弁証法的観念論」と、「講演」の冒頭に出てくる「観念論的弁証法」とのあいだには、意味上の大きな違いはないように思われる。本来、「観念論的弁証法」とは、いまだ「唯物論的弁証法」に至っていない弁証法を指す言葉であろうが、しかしながら、ここでサルトルが「観念論的」と呼ぶ理由は、ルカーチが客観的な階級意識の存在を想定している点にある、と思われる。そういう意味では、「弁証法的観念論」というときの「観念論」も、客観的な階級意識の存在を指しているものと思われる。

(11) «Introduction à la critique de l'économie politique»,1857, Éditions sociales, 1972, p.170(『マルクス＝エンゲルス全集』第十三巻、大月書店、六三二頁)。

(12) 講演の草稿では、「とても親しい友人」となっており、仮の名前を「ポール」としている。このポールという名の友人がミシェル・レリス(Michel Leiris)である、という指摘は、「一九六一年のローマ講演」の編者(Michel Kail)による。

(13) Bob (Robert) Stone et Elisabeth Bowman, "Éthique dialectique, Un premier regard aux notes de la Conférence de Rome, 1964"(以下、本文中に Rome 64 と略記し、ページ数のみを記す) in *Sur les écrits posthumes de Sartre*, Éditions de l'Université de Bruxelles, prés. par P. Verstraeten, 1987, p.10.

(14) Thomas C. Anderson, *Sartre's two ethics*, Open Court, 1993(以下、Anderson と略記する)。R・ストーンたちも、トマス・C・アンダーソンも、パリの国立図書館にあるサルトルによる手書きないしはタイプライターで打った草稿から、直接引用しながら紹介する、という形で、論文を書いている。そこで、本書でも、草稿からの引用文は括弧(「　」)に入れて示し、その他の要約文は、さらにパラフレーズした形で利用することにする。

(15) cf. Anderson, p.112.

(16) Anderson, p.112.

(17) Anderson, p.113.

(18) Anderson, p.114.

(19) Anderson, p.115.

(20) 実は、「一九六四年のローマ講演」の草稿の一部が、ミシェル・コンタとミシェル・リバルカが編集した『サルトルの著作』のなかに、「決定と自由(Détermination et liberté)」と題されて、抜粋の形で掲載されているが、そのなかにも、本書で引用した文章と同様の文章が見られる(cf. M. Contat et M. Rybalka, *op.cit.*, p.744)。また、「決定と自由」については、本書の第一部第一章の「結び」のなかで、言及されている。

(21) サルトルにとって、歴史は、階級闘争の歴史ではなく、「実践的惰性態と実践との過酷な闘争である」(Rome 64. 15)。意味のある規範的区別は、実践的惰性態と実践とのあいだの区別であって、ブルジョアジーとプロレタリアートとのあいだの区別ではない (Rome 64. 17)。サルトルによれば、新実証主義者や構造主義者は、規範を引き受けることができない。なぜなら、彼らは歴史を拒否し、〈為すこと (le faire)〉を排除して、〈在ること (l'être)〉を定立するからである。規範は、サルトルによれば、〈人間以下の (sous-humains)〉人間が闘いをとおして人間になる、という可能性を示す。だが、このことは階級闘争を引き起こす、ともいう。つまり、歴史的実践の構造としての道徳は、その根を搾取された階級にもっている、という (Rome 64. 17)。この講演において、サルトルが歴史というものをどのようなものとして捉えているかに関して、トマス・C・アンダーソンは、「この講演における歴史に関するサルトルの立場は幾分曖昧である」(Anderson, p.123) と、述べている。

(22) cf. Anderson, p.117.

(23) cf. Anderson, p.117.

(24) cf. Anderson, p.118.

(25) Anderson, p.118.

(26) トマス・C・アンダーソンは、「了解不能な力 (incomprehensible force)」と解釈している (cf. Anderson, p.120)。

(27) Anderson, p.120.

(28) Anderson, p.120.

(29) Anderson, p.121.

(30) Anderson, p.126.

(31) 「一九六四年のローマ講演」に、「具体的モラル」という言葉が出てくるわけではない。

(32) Anderson, p.128.

(33) なお、この文章は、F. Jeanson, *Sartre — Les écrivains devant dieu*, Desclée De Brouwer, 1966 にも引用されている (海老坂武訳『もう一人のサルトル』晶文社、二二三頁)。F・ジャンソンは、この著書の末尾で、「道徳と歴史との諸関係に関するノート」というタイトルで、「一九六四年のローマ講演」の抜粋を掲載している。
(34) Anderson, p.111.

第二部　第二章

(1) S. de Beauvoir, *La cérémonie des adieux,* p.235（『別れの儀式』二三四頁）。
(2) このことについては、Juliette Simont, "Sartrean ethics", in *The Cambridge companion to Sartre*, ed. by Christina Howells, Cambridge University Press, 1992, p.178 を参照。
(3) cf. William L.McBride, "The evolution of Sartre's conception of morals", in *Phenomenological Inquiry,* 1987, p.31.
(4) Juliette Simont, "Autour des conférences de Sartre à Cornell", in *Sur les écrits posthumes de Sartre*, Éditions de l'Université de Bruxelles, prés. par P. Vertraeten, 1987.　J・シモンの論文、「サルトルのコーネル大学講演をめぐって」からの引用に際しては、本文中に Cornell と略記して、ページ数のみを記す。なお、本稿において「　」を付けて引用されている文章は、シモンの論文では、ダブル＝クォーテーションが付けられているもの、すなわち、シモンがサルトルの草稿から直接引用した文章である。なお、このシモンの論文には邦訳が存在する（家根谷泰史訳「コーネル大学におけるサルトルの講演をめぐって」『札幌大学教養部紀要』第三三号、一九八八年、六三―九六頁）。
(5) 「サルトルのコーネル大学講演をめぐって」を書いた、J・シモンは、倫理的逆説は「乗り越えられない」がゆえに、サルトルは倫理学を完成させることができなかったのかもしれない、と考えている（Cornell. 52）。

第二部　第三章

(1) cf. Jean-Paul Sartre, *Critique de la raison dialectique II*, Établissement du texte, notes et glossaire par Arlette Elkaïm Sartre, Gallimard, 1985, Présentation, p.7.

（2）「『批判』第二巻も、『批判』第一巻と同様、倫理学書とみなさなければならない」（William McBride, "The evolution of Sartre's conception of morals", in *Phenomenological Inquiry*, 1987, p.31）。

（3）「欲求の観念は、第二の倫理学にとってまったくもって中心的なものである」（Thomas C. Anderson, *Sartre's two ethics*, p.90）。

（4）Anderson, p. 121.

（5）目標が「乗り越えられない」のは、①それが究極的なものであり、それが手段となるようないかなるさらなる目標もないからであり、②欲求の充足という目標は、直接的、間接的に、すべての人間的実践の根絶できない目標であるからである（cf. Anderson, p.108）。

（6）この指摘はR・アロンソンによる（Ronald Aronson, *Sartre's second critique*, The University of Chicago Press, 1987, pp.216-218; cf. Anderson, p.109）。R・アロンソンの著作は、サルトルの『批判』第二巻のコメンタリーとして、欠かせない文献である。

（7）Anderson, p.113.

（8）Anderson, p.120.

（9）Anderson, p.121.

（10）個人を、常に未来のものとして定義し、また、自由にその無条件的未来を欲せざるをえない存在として定義する点に、「初期の実存主義の反映」がある、と見ることもできよう（Rome 64. 18 ――R・ストーンたちの指摘）。

（11）第二部第一章、注（21）を参照。

（12）Anderson, p.126.

（13）本章においては、初期の『存在と無』における「欲求」の概念の検討については、一切なされていない。また、「欲求（besoin）」と「欲望（désir）」の意味の違いについても、検討がなされていない。ここで簡単に触れておくならば、『批判』では「欲求」がキー・ワードになっているのに対して、『存在と無』では「欲望」がキー・ワードになっている。また、『存在と無』では、次のように説明されている。すなわち、「存在論がわれわれに教えてくれることは、欲望は根源的に存在欲望である、ということ、また、欲望は自由な存在欠如として特徴づけられる、ということである。しかしながら、同時に、存在論がわれわれに教えてくれることは、欲望は、世界のただなかにおけるある具体的な存在者との関係である、ということ、また、その存在者は即自の類型にもとづいて理解される、ということである」(EN. 675)。この引用文の後半(「しかしながら、……」以下)は、『批判』の「欲求」概念に近いように思われる。

(14) 「第三の倫理学」とは、一連のベニィ・レヴィ(=ピエール・ヴィクトール)との対談を指す。すなわち、一九七三年から七四年にかけての『反逆は正しい』、八〇年の『いま、希望とは』、さらには、サルトルの死後の八四年に出版された『人間の名――サルトルとの対話』などを指す。

なお、サルトル自身、一九七九年に雑誌『オブリーク』のインタヴューで、B・レヴィと〈権力と自由〉をテーマとした「第三の倫理学」を準備している旨を明らかにしていた。それは、互いに結び合っている二つの意識、主体どうしの内的結びつきをめぐる「〈われわれ〉の倫理学(morale du NOUS)」である(*Obliques*, Numéro 18-19, 1979, pp.14-15)。

第三部　第一章

(1) 類似した表現は、論文「文学の国営化」のなかにも見られる。「魚が水のなかに住んでいるように、われわれは歴史のなかに住んでいる」(S II. 41)。

(2) 岩崎武雄「真理論」(岩波講座『哲学』第八巻、一九六八年)を参照。

(3) サルトルは、一九四七年から四八年にかけて、モラル論を十冊に及ぶノートにしたためていた。だが、その大半を紛失してしまい、残ったのは二冊だけである。一冊の一部は、一九八三年に『倫理学ノート』として公刊されたが、さらにその後、もう一冊が発見され、八九年に『真理と実存』と題されて、公刊された(cf. M. Contat, "La vérité selon Sartre", in *Le monde*, sélection hebdomadaire, du jeudi 21 au mercredi 27, septembre 1989)。

(4) 『真理と実存』というテクストの構成について述べておくと、大部分の箇所では、草稿において本文として書かれていたものは、公刊されたテクストでは奇数ページに印刷され、草稿で欄外に書かれてあった文章は、偶数ページに印刷されている。もちろん、そうでない箇所もある。

（5） J・シモンによれば、絶対的真理も、絶対的誤謬もない。「ある意味で、どんな真理も寓話〔作り話〕である」(Juliette Simont, "Les fables du vrai, à propos de Vérité et Existence", in *Les Temps Modernes*, octobre à décembre 1990, N°s 531 à 533, p.200)。J・シモンは、そのような観点からサルトルの真理論を解釈した。J・シモンによれば、見ることは模倣することであり、したがって、木を見ることは、サルトルもいうように、「木のヴィジョン〔見え方〕を模倣することである」(VE. 49)。その意味で、真理以上に偽であるものはない。結局、真理は、取り違えを一貫したものにすることにすぎないのである。

なお、J・シモンの右の論文は、『真理と実存』について書かれたまとまった論文のうちでは、最も早い時期に出たものである。

（6） サルトル自身、『真理と実存』のなかで、「他の場所で明らかにしたごとく」という表現で、『倫理学ノート』のその箇所を暗示している (VE. 76)。

（7） cf. Thomas R. Flynn, *Sartre and marxist existentialism*, The University of Chicago Press, 1984, p.215, n.6.

（8） cf. J. Simont, *op.cit.*, p.209.

（9） M. Heidegger, *De l'essence de la vérité*, trad. par A. de Waelhens et W. Biemel, éd. E. Nauwelaerts/ Vrin, Louvain/ Paris, 1948.

（10） サルトルは、『倫理学ノート』のための草稿のなかで真理の問題を考察した日から「数カ月後に」ハイデガーの『真理の本質について』のフランス語訳を受け取った、と述べている (VE. Contextes [par Arlette Elkaïm Sartre], p.II)。

（11） cf. J. Simont, *op.cit.*, p.215.

（12） M・ハイデガー『真理の本質について』ハイデッガー選集、第11巻、木場深定訳、理想社、一二三頁。

（13） 同書、一九頁。

（14） 同書、二六頁。

（1）　M. Merleau-Ponty, *Les aventures de la dialectique*, Gallimard, 1955 (1967), p.275（『弁証法の冒険』滝浦静雄／木田元／田島節雄／市川浩訳、みすず書房、二八三頁）。

（2）　E. Lévinas, *Totalité et Infini*, Martinus Nijhoff, 1961 (1971), p.231（『全体性と無限』合田正人訳、国文社、三二〇頁）。

（3）　Bernard Munono Muyembe, *Le regard et le visage, de l'altérité chez Jean-Paul Sartre et Emmanuel Lévinas*, Peter Lang, 1991, p.277.

（4）　「レヴィナスの哲学的考察は、西洋哲学史に特徴的な存在論的地平から離れることに専心することに由来している」（*ibid.*, p.213）。

（5）　「したがって、最近の時期でさえ、サルトルをマルクス主義から区別しているものは、常にコギトの哲学である」（M. Merleau-Ponty, *op.cit.*, p.213.『弁証法の冒険』二一八頁）。

（6）　E. Lévinas, *op.cit.*, p.338（『全体性と無限』四六六頁）。

（7）　Thomas C. Anderson, *Sartre's two ethics*, Open Court, 1993, pp.74-77.

（8）　「寛大」とも訳される"générosité"もまた、『倫理学ノート』における重要な概念である。なお、『存在と無』と『倫理学ノート』における"générosité"の使い方の違い、さらにはレヴィナスの使い方との比較については、合田正人「サルトルとレヴィナス――贈与の倫理から分割＝共有の倫理へ」（日本サルトル学会『サルトルの遺産（文学・哲学・政治）』二〇〇一年）を参照。

（9）　「〈他者〉との関係は、サルトルにとってもレヴィナスにとっても、認識によっても、あるいは〈〔ハイデガーの〕共存在（Mitsein）〉によっても定義されえない」（Christina Howells, "Sartre and Lévinas", in Bernasconi, Robert and Wood, David, eds.: *The Provocation of Lévinas*, Routledge, 1988, p.92）。

（10）　E. Lévinas, *Humanisme de l'autre homme*, Fata Morgana, 1972, p.96（『他者のユマニスム』小林康夫訳、書肆風の薔薇、

一四一頁)。
(11) *ibid.*, p.98(『他者のユマニスム』一四三頁)。
(12) *ibid.*, p.103(『他者のユマニスム』一五〇―一五一頁)。
(13) *ibid.*, p.103(『他者のユマニスム』一五一頁)。
(14) *ibid.*, p.103(『他者のユマニスム』一五一頁)。
(15) こうしたレヴィナスの問いかけを、形而上学における主観性の歴史の観点から、つまり自分に閉じこもる(「窓をもたない」)ライプニッツのモナドや、自分のうちにすべてを吸収するヘーゲルの絶対主観との関係で、考察し直す必要があろう。アラン・ルノーは、主観性を、自己同一性や自発性として捉えるのではなく、他なるものへの開放性(歓待性)として捉えるレヴィナスに、モナドロジー以後人間主義が再び意味をもってくる手がかりを求めている(cf. Alain Renaut, *L'ère de l'individu*, 1989. 『個人の時代』水野浩二訳、法政大学出版局)。
(16) E. Lévinas, *Totalité et Infini*, Martinus Nijhoff, 1961 (1971), p.235(『全体性と無限』三二五―三二六頁)。
(17) *ibid.*, pp.236-237(『全体性と無限』三二七頁)。
(18) *ibid.*, p.323(『全体性と無限』四四五頁)。
(19) 「呼びかけ」という言葉をキー・ワードにして、サルトルのモラル論を再検討したものに、澤田直『〈呼びかけ〉の経験 サルトルのモラル論』人文書院がある。
(20) *ibid.*, p.332(『全体性と無限』四五七頁)。

結論

(1) Claude Lévy-Strauss, *La pensée sauvage*, Plon, 1976, p.330(『野生の思考』大橋保夫訳、みすず書房、三〇〇頁)。
(2) Martin Heidegger, *Platons Lehre von der Wahrheit, Mit einem Brief über den »Humanismus«*, Francke Verlag, 1954, S.87(『「ヒューマニズム」について』渡邊二郎訳、ちくま学芸文庫、八〇頁)。

（3） ヴァンサン・デコンブ、安川慶治訳「〈主体の批判〉と〈主体の批判〉の批判について」、ジャン＝リュック・ナンシー編、港道隆／鵜飼哲ほか訳『主体の後に誰が来るのか？』現代企画室、一九九六年、一九九－二〇〇頁。

（4） Luc Ferry & Alain Renaut, *La pensée 68, Essais sur l'anti-humanisme contemporain*, Gallimard, 1985（『六八年の思想——現代の反‐人間主義への批判』小野潮訳、法政大学出版局）。フェリーとルノーによれば、六八年の思想の唯一の功績は、伝統的で素朴な人間主義の根拠を問い直した点にある。

（5） Alain Reanut, *Sartre, le dernier philosophe*, Grasset, 1993, p.15（『サルトル、最後の哲学者』一〇頁）。

（6） M. Contat et M. Rybalka, *Les écrits de Sartre*, Gallimard, 1980, p.339. コンタとリバルカは、いわゆる「認識論的切断（coupure épistémologique）」と呼ばれるものが、二つの著作のあいだにあるか否かを知ることが、今日解決されねばならない課題である、と語っていた。

（7） M. Contat et M. Lybalka, *op. cit.*, p.661（「パリ解放・黙示録の一週間」海老坂武／石崎晴巳訳『実存主義とは何か』増補新装版、人文書院に所収、一五四頁）。『実存主義とは何か』の増補新装版に付された海老坂武「一九四五年の実存主義」を参照。

（8） 植民地に関する一連の考察において、「人間以下の人間」は頻出する。「すべての人間が同じ権利をもつがゆえに、アルジェリア人は人間以下ということになる」（S V. 44）。植民地主義にとって、「土着民は人間以下の人間であるがゆえに、〈人権宣言〉は彼らには関係がない」（S V. 52）。ルムンバ（独立コンゴの初代首相）は、「植民地的超搾取の生み出した人間以下の人間に、生まれながらの人間性を返そうとした」（S V. 220）。

（9） M. Merleau-Ponty, *Les aventures de la dialectique*, Gallimard, 1967, p.207（『弁証法の冒険』二一一頁）。

文献

I　死後公刊されたサルトルの著作

Cahiers pour une morale, Gallimard, 1983〔邦訳なし〕; La grande morale, extraits d'un cahier de notes (1947), in *Obliques*, numéro 18-19, 1979, pp.249-262（鈴木道彦訳・解説「倫理学ノート」『中央公論』一九七九年、九月、二〇一―二二五頁）。
Notebooks for an ethics, translated by David Pellauer, The University of Chicago Press, 1992.

Les carnets de la drôle de guerre, novembre 1939-mars 1940, Gallimard, 1983, nouvelle édition, 1995.（海老坂武／石崎晴己／西永良成訳『奇妙な戦争――戦中日記』人文書院、一九八五年）。

Lettres au Castor et à quelques autres I, 1926-1939, II, 1940-1963, Gallimard, 1983（朝吹三吉／二宮フサ／海老坂武訳『女たちへの手紙』人文書院、一九八五年、二宮フサ／海老坂武／西永良成訳『ボーヴォワールへの手紙』人文書院、一九八八年〔部分訳〕）。

Critique de la raison dialectique II, Établissement du texte, notes et glossaire par Arlette Elkaïm Sartre, Gallimard, 1985.〔邦訳なし〕

Vérité et existence, Gallimard, 1989（澤田直訳『真理と実存』人文書院、二〇〇一年）。

Le scénario Freud, Gallimard, 1984（西永良成訳「シナリオ『フロイト』」『海』一九八一年十月、三二〇―四二四頁〔部分訳〕、西永良成訳『フロイト〈シナリオ〉』人文書院、一九八七年〔部分訳〕）。

Ecrits de jeunesse, Gallimard, 1990.〔邦訳なし〕

La reine Albemarle ou le dernier touriste, Gallimard, 1991.〔邦訳なし〕

II サルトルに関する研究書・論文（欧語）

Adolff, Jean Gabriel, *Sartre index du corpus philosophique 1*, Klincksieck, 1981.

Anderson, Thomas C., *Sartre's two ethics*, Open Court, 1993.

Aronson, Ronald, *Sartre's second critique*, The University of Chicago Press, 1987.

Arras, John D., "A critique of Sartrean authenticity", in *The Personalist*, 57, 1976.

Bell, Linda A., *Sartre's ethics of authenticity*, The University of Alabama Press, 1989.

Boschetti, Anna, *Sartre et «Les Temps Modernes»*, Éditions de minuit, 1985（アンナ・ボスケッティ『知識人の覇権』石崎晴己訳、新評論）。

Caws, Peter, *Sartre*, Routledge & Kegan Paul, 1984.

Cohen, Gilbert, "De Roquentin à Flaubert", in *Revue de métaphysique et de morale*, n.1, janvier-mars, 1976.

Contat, Michel & Rybalka, Michel, *Les écrits de Sartre*, Gallimard, 1970.

Contat, Michel, "La vérité selon Sartre", in *Le monde*, selection hebdomadaire, du jeudi 21 au mercredi 27, septembre 1989.

Flynn, Thomas R., *Sartre and marxist existentialism*, The University of Chicago Press, 1984.

Gagnebin, Laurent, *Connaître Sartre*, Marabout Université, 1972.

Goldthorpe, Rhiannon, *Sartre: literature & theory*, Cambridge University Press, 1984.

Greene, Norman N., *Jean-Paul Sartre, The existentialist ethic*, The University of Michigan Press, 1960(1961).

Hodard, Philippe, *Sartre entre Marx et Freud*, Jean-Pierre Delarge, 1979.

Howells, Christina, *Sartre, The necessity of freedom*, Cambridge University Press, 1988.

Howells, Christina, "Sartre and Lévinas", in Bernasconi, Robert and Wood, David, eds.: *The provocation of Lévinas*, Routledge, 1988.

Jeanson, Francis, *Le problème moral et la pensée de Sartre*, Éditions du Seuil, 1947(1965).

Jeanson, Francis, *Sartre dans sa vie*, Seuil, 1974（フランシス・ジャンソン『伝記サルトル』権寧訳、筑摩書房）。

Jeanson, Francis, *Sartre — Les écrivains devant dieu*, Desclée De Brouwer, 1966（海老坂武訳『もう一人のサルトル』晶文社）。
Lacroix, Jean, "Témoignage et Efficacité", in *Esprit*, 12, 1945.
Lévy, Bernard-Henry, *Le Siècle de Sartre*, Grasset, 2000.
McBride, William L., "The evolution of Sartre's conception of morals", in *Phenomenological Inquiry*, 1987.
McBride, William L., *Sartre's political theory*, Indiana University Press, 1991.
Muyembe, Bernard Munono, *Le regard et le visage, de l'altérité chez Jean-Paul Sartre et Emmanuel Lévinas*, Peter Lang, 1991.
Orlando, John, "Human relationships in Sartre's Notebooks for an ethics", in *Sartre Studies International*, Volume 2, No 2, 1996.
Pacaly, Josette, *Sartre au miroir, une lecture psychanalytique de ses écrits biographiques*, Klincksieck, 1980.
Renaut, Alain, *Sartre, le dernier philosophe*, Grasset, 1993（アラン・ルノー『サルトル、最後の哲学者』水野浩二訳、法政大学出版局）。
Simont, Juliette, "Les fables du vrai, à propos de Vérité et existence", in *Les Temps Modernes*, octobre à décembre 1990, N°s 531à 533.
Simont, Juliette, "Sartrean ethics", in *The Cambridge companion to Sartre*, edited by Christina Howells, Cambridge University Press, 1992.
Smoot, William, "The concept of authenticity in Sartre", in *Man and world*, 7, no.2, 1974.
Stern, Alfred, *Sartre, his philosophy and existential psychoanalysis*, Delacorte, 1967（アルフレッド・スターン『サルトル論——その哲学と実存的精神分析』亀井裕訳、筑摩書房）。
Obliques, numéro special 18-19, 1979.

III　サルトルに関する研究書（邦語）

石崎晴巳編『いま、サルトル』思潮社、一九九一年。
石崎晴巳／澤田直編『サルトルの遺産』日本サルトル学会・青山学院大学。

市倉宏祐『ハイデガーとサルトルと詩人たち』日本放送出版協会、一九九七年。

清眞人『〈受難した子供〉の眼差しとサルトル』御茶の水書房、一九九六年。

澤田直『新・サルトル講義』平凡社新書、二〇〇二年。

——『〈呼びかけ〉の経験　サルトルのモラル論』人文書院、二〇〇二年。

末次弘『サルトル哲学とは何か』理想社、二〇〇二年。

鈴木道彦／海老坂武／浦野衣子『サルトルとその時代』人文書院、一九七一年。

竹内芳郎／鈴木道彦編『サルトルの全体像』ペリカン社、一九六六年。

竹内芳郎『サルトル哲学序説』筑摩書房、一九七二年。

——『サルトルとマルクス主義』紀伊國屋新書、一九六五年。

西永良成『サルトルの晩年』中公新書、一九八八年。

箱石匡行『サルトルの現象学的哲学』以文社、一九八〇年。

長谷川宏『同時代人サルトル』河出書房新社、一九九四年。

平井啓之『ランボオからサルトルへ』講談社学術文庫、一九八九年。

三宅芳夫『知識人と社会』岩波書店、二〇〇〇年。

渡辺幸博『サルトルとポスト構造主義』関西大学出版部、一九九二年。

——『サルトルの哲学』世界思想社、一九八〇年。

Ⅳ　雑誌のサルトル特集号

『現代思想』一九八〇年七月、第八巻第八号、特集「サルトル　ある時代の終焉」、青土社。

『理想』一九八〇年八月、第五六七号、特大号「サルトル」、理想社。

『実存主義』一九八五年七月、第八十九号、特集「サルトル」、以文社。

『現代思想』一九八七年七月、第十五巻第八号、特集「サルトル以後のサルトル」、青土社。

『理想』二〇〇〇年、第六六五号、特集「サルトル・今」、理想社。

V　サルトルの遺稿に関する論文（邦語）

池上明哉「サルトル——現代社会における主体性の軌跡」『理想』第六六五号、二〇〇〇年、特集「サルトル・今」、理想社。

片山洋之介「〈よそ〉の受容」『理想』第六六五号、二〇〇〇年、特集「サルトル・今」、理想社。

——「サルトルの『ヒューマニズム』再考」『理想』六五〇号、一九九二年、特集「実存思想の現在」、理想社。

北見秀司「サルトル、あるいはマルクスにおける理性の問題」『津田塾大学紀要』第三十三号、二〇〇一年。

——「サルトルにおける二つの『他者』『道徳論手帖 Cahiers pour une morale』の問いかけるもの」『現代思想』第十五巻第八号、一九八七年、特集「サルトル以後のサルトル」、青土社。

——「後期サルトルのヒューマニズム——ポスト構造主義の後で」『理想』第六六五号、二〇〇〇年、特集「サルトル・今」、理想社。

清眞人「相互性のユマニスム」日仏哲学会『フランス哲学・思想研究』第六号、二〇〇一年。

軍司敏「受肉：全体化と独異化——J・P・サルトルの矛盾の論理について」『宇都宮大学教養部研究報告』第二十一号、一九八八年。

——「歴史と弁証法的理性——サルトルのソ連社会の解明」『宇都宮大学教養部研究報告』第二十二号、一九八九年。

——「歴史の論理——サルトルのスターリニズム論」『宇都宮大学教養部研究報告』第二十四号、一九九一年。

合田正人「サルトルとレヴィナス——贈与の論理から分割＝共有の倫理へ」日本サルトル学会『サルトルの遺産（文学・哲学・政治）』、二〇〇一年。

澤田直「エクリチュールとモラル」、石崎晴巳編『いま、サルトル』思潮社、一九九一年。

——「〈自由〉と〈語る主体〉——サルトルのデカルト読解」『思想』第八六九号、岩波書店、一九九六年。

――「〈呼びかけ〉としての文学」『思想』第八八八号、岩波書店、一九九八年。

――「贈与性をめぐって――サルトルにおける倫理の可能性」日仏哲学会『フランス哲学・思想研究』第六号、二〇〇一年。

――«Sartre ou la conversion perpétuelle» 石崎晴己／澤田直編『サルトルの遺産』日本サルトル学会、二〇〇一年。

谷口佳津宏「サルトルとメルロ＝ポンティ」『アカデミア』人文・社会科学編第六十九号、一九九九年。

――「『道徳論ノート』における創造の問題」『理想』第六六五号、二〇〇〇年、特集「サルトル・今」、理想社。

家根谷泰史「J・P・サルトルにおける倫理の一断面――générosité をめぐって」『札幌大学教養部紀要』第三十号、一九八七年。

VI　その他の欧語文献

Beauvoir, Simone de, *La force des choses I*, Gallimard, 1963 (1978)（シモーヌ・ド・ボーヴォワール『或る戦後』上、朝吹登水子／二宮フサ訳、紀伊國屋書店）。
Beauvoir, S. de, *La force des choses II*, Gallimard, 1963（1978）（『或る戦後』下、朝吹登水子／二宮フサ訳、紀伊國屋書店）。
Beauvoir, S. de, *La cérémonie des adieux, suivi de Entretiens avec Jean-Paul Sartre, août-septembre 1974*, Gallimard, 1981 (『別れの儀式』朝吹三吉／二宮フサ／海老坂武訳、人文書院)。
Beauvoir, S. de, *La force de l'âge I*, Gallimard, 1960 (1980)〔IVまで〕(『女ざかり』上、朝吹登水子／二宮フサ訳、紀伊國屋書店〔第五部まで〕)。
Beauvoir, S. de, *La force de l'âge II*, Gallimard, 1960 (1980)〔Vから〕(『女ざかり』下、朝吹登水子／二宮フサ訳、紀伊國屋書店〔第六部から〕)。
Beauvoir, S.de, "Idéalisme moral et réalisme politique", in *Les Temps Modernes*, 1945, nov.
Beauvoir, S. de, *Pyrrhus et Cinéas*, Gallimard, 1944（1960）（『ピリュスとシネアス』ボーヴォワール著作集2、青柳瑞穂訳、

人文書院)。
Beauvoir, S. de, *Pour une morale de l'ambiguïté*, Gallimard, 1947 (1961)(『両義性のモラル』ボーヴォワール著作集2、松浪信三郎／富永厚訳、人文書院)。
Descombes, Vincent, *Le même et l'autre*, Éditions de minuit, 1976(ヴァンサン・デコンブ『知の最前線――現代フランスの哲学』高橋允昭訳、TBSブリタニカ、一九八三年)。
Ferry, Luc & Renaut, Alain, *La pensée 68, Essais sur l'anti-humanisme contemporain*, Gallimard, 1985(リュック・フェリー、アラン・ルノー『六八年の思想　現代の反-人間主義への批判』小野潮訳、法政大学出版局、一九九八年)。
Hegel, G.W.F., *La phénoménologie de l'esprit*, trad. par J. Hyppolite, Aubier, t.II, 1980(ヘーゲル『精神現象学』下、金子武蔵訳、岩波書店)。
Heidegger, Martin, *De l'essence de la vérité*, trad. par A. De Waelhens et W. Biemel, éd. E. Nauwelaerts/ Vrin, Louvain/ Paris, 1948(マルティン・ハイデガー『真理の本質について』ハイデッガー選集、第11巻、木場深定訳、理想社)。
Heidegger, M., *Platons Lehre von der Wahrheit, Mit einem Brief über den «Humanismus»*, Francke Verlag, 1954(『「ヒューマニズム」について』渡邊二郎訳、ちくま学芸文庫、一九九七年)。
Laing, R.D. & Cooper, D.G., *Reason and violence, A decade of Sartre's philosophy 1950-1960*, Tavistock Publications, 1971(R・D・レイン、D・G・クーパー『理性と暴力』足立和浩訳、番町書房、一九七三年)。
Lévinas, Emmanuel, *Humanisme de l'autre homme*, Fata Morgana, 1972(エマニュエル・レヴィナス『他者のユマニスム』小林康夫訳、書誌風の薔薇、一九九〇年)。
Lévinas, E., *Totalité et infini*, Martinus Nijhoff, 1961 (1971)(『全体性と無限』合田正人訳、国文社、一九八九年)。
Lévy-Strauss, Claude, *La pensée sauvage*, Plon, 1962 (1976)(レヴィ＝ストロース『野生の思考』大橋保夫訳、みすず書房、一九七六年)。
Marx, Karl, «La Sainte Famille», in *Karl Marx, Œuvres III*, Bibliothèque de la Pléiade, 1982(『マルクス＝エンゲルス全集』第二巻、大月書店)。

Marx, K., «Le Capital, 4», in *Karl Marx, Œuvres I.*
Marx, K., «Introduction à la critique de l'économie politique», 1857, Éditions sociales, 1972（『マルクス＝エンゲルス全集』第十三巻、大月書店）。.
Merleau-Ponty, M., *Humanisme et terreur*, Gallimard, 1947 (1957)（メルロ＝ポンティ『ヒューマニズムとテロル』森本和夫訳、現代思潮社、一九七六年）。
Merleau-Ponty, M., *Les aventures de la dialectique*, Gallimard, 1955 (1967)（『弁証法の冒険』田島節夫／市川浩訳、みすず書房、一九七二年）。
Renaut, Alain, *L'ère de l'individu*, 1989（アラン・ルノー『個人の時代』水野浩二訳、法政大学出版局、二〇〇二年）。
Spiegelberg, Herbert, *The Phenomenological Movement*, Martinus Nijhoff Publishers, 1982（H・スピーゲルバーク『現象学運動』下巻、立松弘孝監訳、世界書院、二〇〇〇年）。
Trotignon, Pierre, *Les philosophes français d'aujourd'hui*, P.U.F., 1967（ピエール・トロティニョン『現代フランスの哲学』田島節夫訳、文庫クセジュ〔白水社〕、一九六九年）。

VII　その他の邦語文献

カー（E・H・）『ロシア革命』塩川伸明訳、岩波書店、二〇〇〇年。

カント（I・）『実践理性批判』宇都宮芳明訳注、以文社、一九九〇年。

カント（I・）『道徳形而上学の基礎づけ』宇都宮芳明訳注、以文社、一九八九年。

ナンシー（J・L・）編『主体の後に誰が来るのか？』港道隆／鵜飼哲他訳、現代企画社、一九九六年。

ランズマン（C・）編『レ・タン・モデルヌ五〇周年記念号』記念号翻訳委員会訳、緑風出版、一九九八年。

ルカーチ（G・）『実存主義かマルクス主義か』城塚登・生松敬三訳、岩波書店、一九七七年。

ルカーチ（G・）「戦術と倫理」（『ルカーチ初期著作集』第三巻、三一書房）。

ルカーチ（G・）『歴史と階級意識』平井俊彦訳、未来社、一九八一年。
秋山さと子「精神分析と一九二〇年代」『思想』六八八号、一九八一年。
岩崎武雄「真理論」（岩波講座『哲学』第八巻、一九六八年）。
杉山光信『モラリストの政治参加』中公新書、一九八七年。

あとがき

A・ルノーは、『サルトル、最後の哲学者』において、二十世紀のフランスの知識人階級を、ハイデガーの受容という観点から三つの世代にわけて考察している。最初に現われるのが、一九〇五年に生まれ、一九四三年に『存在と無』を出したサルトルの世代（一九四〇年の世代）である。彼らの「実存主義」は、ハイデガーの『存在と時間』の通俗化と見なされたが、やがて、彼らとハイデガーは引き裂かれることになる。彼らは、概してマルクス主義の同伴者であった。次に現れるのが、一九二七年に生まれ、一九六八年頃四十歳となるフーコーの世代（一九六〇年の世代）であり、最後に現われるのが、一九四八年に生まれ、一九八〇年代に入って本格的な著作活動をはじめたルノーの世代である（一九八〇年の世代）。世代論でもって哲学・思想の流れをいわば岸辺から眺めてみることに、どれほど意味があるかは別にして、ルノーによって、現代フランス哲学におけるサルトルの位置づけ（いわば出発点としての位置づけ）が確認されていることは間違いない。一昨年他界したP・ブルデュー（一九三〇年生まれ）の証言によれば、彼の学生時代（一九五〇年にエコール・ノルマルに入学）には、「サルトルの影がフランスの思想界を覆っていた」という。

サルトルが死去して二十年以上の歳月が流れた。いまやサルトル研究の担い手は、サルトルがこの世を去ってから本格的にサルトルを読み始めた世代に移行しつつある。それは、とりもなおさず、サルトルが同時代の人ではなくなったことを意味する。サルトルが何を発言するか固唾を呑んで耳を傾けていた世代から、プレイヤード叢書に入ったサルトルを読む世代へと、世代交代が起こったのである。このように書くと、読者は、筆者がまだ上記のA・ルノーの世代論に引きずられているように思われるかもしれない。もう一度言っておこう。世代論でもって哲学の流れを眺めてみても、さほど意味があるとは思われない。いずれにしても、世代論を前面に押し出しすぎると、話が表面的なものになってしまい、議論の本質が見失われてしまうおそれがある。だからこそ、サルトルについての腰を据えた論究が必要なのである。筆者は、そうした考えから本書を執筆した。すなわち、筆者は、世代を超えたサルトルのテクストそのものについての読解が求められている、という立場に立って本書を執筆した。

本書は、私のサルトル研究のいわば中間報告である。思えば、本書の構想は、今から約十年前、今は亡き花田圭介先生から、「四〇―五〇―六〇年代のサルトルの総括を著書にすると有益だろうと思っています」という励ましのお言葉をいただいて以来、芽生えていた。そうした構想は、花田先生から紹介していただいた、A・ルノー『サルトル、最後の哲学者』（法政大学出版局）の翻訳の仕事により、大きく膨らんでいった。その後、私は、サルトルの遺稿に照準を合わせ、論文を書いていった。しかし、いつまでに出版するという具体的な計画はなかった。そうした私の背中を押してくれたのは、北海道大学大学院文学研究科の坂井昭宏先生であった。坂井先生には、本書の内容に関わることはもちろん、さまざまな点でお世話になった。というのも、本書は、北海道大学に博士（文学）請求論文として提出したものが元になっているからである。論文審査には坂井先生のほかに、北海道大学大学院文学研究科の浅見克彦先生、佐々木啓先生も当たられた。両先生からもさまざまな貴重なご指摘をいただいた。深く感謝するしだいである。また、本書の一部が学会誌の公募論文として書かれた折り、審査の労をとられ、さまざまなアドヴァイスを下さった杉山吉弘先生（札幌学院大学）にも感謝したい。最後に、ぜひお名前を挙げておきたいのは、澤田直氏（白百合女子大学）である。澤田氏は、サルトル研究会（現・日本サルトル学会）を立ち上げ、今日まで精力的に引っ張ってこられた。私も、澤田氏からその研究会にお誘いいただき、多くの同世代のサルトル研究者と知り合いになることができた。そこでの刺激が大いに私の研究に寄与していることは言をまたない。顧みれば、本書がここに形をなすことができたのは、すなわち私が哲学研究を続けてこられたのは、数え切れないほど数多くの方々の支えがあったからにほかならない。お名前のすべてを挙げることは不可能なので、ここでは、かつて北海道大学で教鞭をとられていた河西章先生、加藤精司先生、八木橋貢先生のお名前を挙げ、感謝の意を表したい。

本書は、すでに発表した論文のなかからサルトルの遺稿を中心に扱ったものだけを取り上げ、本書全体の調和を考慮して、削除ないしは部分的な加筆訂正を施したものである。初出は以下のとおりである。

第一部　第一の倫理学（一九四〇年代の倫理学）〔序論を含む〕
・「サルトルにおける倫理学の構想」
　社会思想史学会年報『社会思想史研究』第十一号、一九八七年
・「サルトルにおける本来性のモラル」
　実存思想協会『論集』第六号、一九九一年
・「サルトルにおける「相互承認」論——遺稿『倫理学ノート』をめぐって」
　『静修女子大学紀要』第二号、一九九五年

第二部　第二の倫理学（一九六〇年代の倫理学）
・「二つの「ローマ講演」——一九六〇年代のサルトルの遺稿をめぐって」
　『札幌国際大学紀要』第五号、一九九八年
・「倫理の無条件的可能性——サルトルの「コーネル大学講演」（遺稿）をめぐって」
　『札幌国際大学紀要』第六号（通番、第三十号）、一九九九年
・「サルトルの弁証法的倫理学」
　社会思想史学会年報『社会思想史研究』第二十三号、一九九九年
・「サルトルの「第二の倫理学」と道徳性の根源——「欲求」をめぐって」
　『札幌国際大学紀要』第九号（通番、第三十三号）、二〇〇二年

第三部　サルトルの倫理思想の可能性

・「サルトルの真理論――遺稿『真理と実存』をめぐって」
北海道大学哲学会『哲学』第二十九号、一九九三年
・「サルトルにおける他者論の可能性」
北海道大学哲学会『哲学』第三十八号、二〇〇二年

結論
・「本来的人間から全体的人間へ」
日仏哲学会『フランス哲学・思想研究』第六号、二〇〇一年

最後に、A・ルノーその他の翻訳でお世話になっている法政大学出版局の平川俊彦氏には、今回の出版に際しても大いにお世話になったことを記しておきたい。翻訳とはまた少し違う著書というものの原稿の書き方を手ほどきしてくださった。この場を借りて感謝申し上げるしだいである。

二〇〇四年二月

水野　浩二

ハ　行

マ　行

ヤ　行

ラ　行

ワ　行

タ　行

ナ　行

索　引

《思想＊多島海》シリーズ

著者紹介：水野浩二（みずの・こうじ）

1952年北海道に生まれる．北海道大学大学院文学研究科哲学専攻博士後期課程単位修得退学．現在，札幌国際大学人文学部教授．博士（文学）（北海道大学）．

〔主要論文〕「サルトルの弁証法的倫理学」（『社会思想史研究』23号，社会思想史学会，1999年），「本来的人間から全体的人間へ」（『フランス哲学・思想研究』6号，日仏哲学会，2001年）．

〔主要訳書〕アラン・ルノー『サルトル，最後の哲学者』（法政大学出版局，1995年），アラン・ルノー『個人の時代』（法政大学出版局，2002年）．

サルトルの倫理思想
——本来的人間から全体的人間へ

二〇〇四年九月一〇日　初版第一刷発行

著　者　水野浩二
発行所　財団法人法政大学出版局
〒102-0073　東京都千代田区九段北3-2-7
電話　東京03（五二一四）五五四〇
振替　〇〇一六〇-六-九五八一四
製版・緑営舎　印刷・三和印刷
製本・鈴木製本所

Printed in Japan

ISBN4-588-10001-7

A・ルノー 水野浩二訳	サルトル、最後の哲学者	〔品　切〕
F・ダゴニェ 水野浩二訳	イメージの哲学	四五〇〇円
A・ルノー 水野浩二訳	個人の時代	四八〇〇円
フェリー、ルノー 小野　潮訳	68年の思想 現代の反-人間主義への批判	三六〇〇円
フェリー、ルノー 小野　潮訳	68年—86年 個人の道程	一九〇〇円
M・ハウスケラー 峠　尚武訳	生の嘆き ショーペンハウアー倫理学入門	一八〇〇円
朝倉輝一	討議倫理学の意義と可能性	四六〇〇円
A・ホネット 山本・直江訳	承認をめぐる闘争 社会的コンフリクトの道徳的文法	三三〇〇円
三光長治	▼晩年の思想 アドルノ、ワーグナー、鏡花など	三五〇〇円
植田祐次	▼共和国幻想 レチフとサドの世界	三二〇〇円

法政大学出版局

（消費税抜き価格で表示）

▼は《思想＊多島海》シリーズ